Wanderführer Hunsrück

Die schönsten Wanderungen

- **Rundwanderungen**
- **Streckenwanderungen**

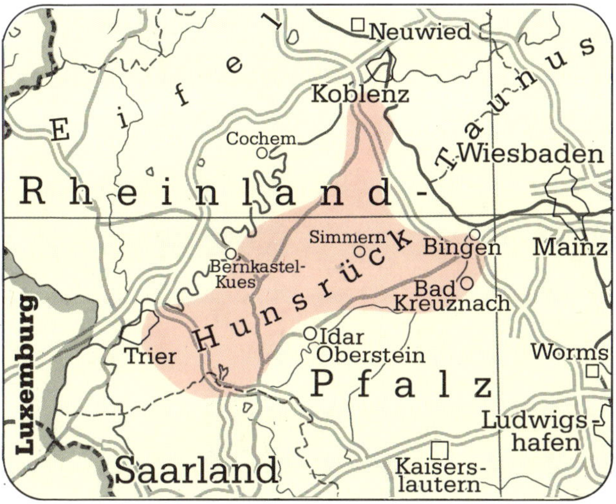

Kompass Wanderführer

Wanderführer
Hunsrück

Ausgewählt, begangen
und beschrieben
von Norbert Forsch

Deutscher Wanderverlag
Dr. Mair & Schnabel & Co. · Stuttgart

wandern+ radwandern

Die große Wanderbuch-Reihe
für grenzenloses Wandern

Gesamte Kartographie:
Ing.-Büro Adolf Benjes
Übersichtskarten:
Ing.-Büro Adolf Benjes

Umschlagbild
Bad Münster am Stein, Rheingrafenstein
(*Foto:* Michael Klees)
und Bild auf Seite 2:
Bei Gemünden, der »Perle des Hunsrücks«
(*Foto:* Michael Klees)

4. Auflage 2000

ISBN 3-8134-0265-7

Satz: Gerda Kaul, D-73240 Wendlingen
Druck: Siegfried Roth, D-73277 Owen/Teck
Printed in Germany

Gedruckt auf 100% chlorfrei gebleichtes Papier

Inhalt

Rundwanderungen

Ehrenburg (Foto: Michael Klees)

Streckenwanderungen

Auf römischen Spuren von Bingen nach Trier

Bilderverzeichnis

Blick von der Grimburg (Foto: Michael Klees)

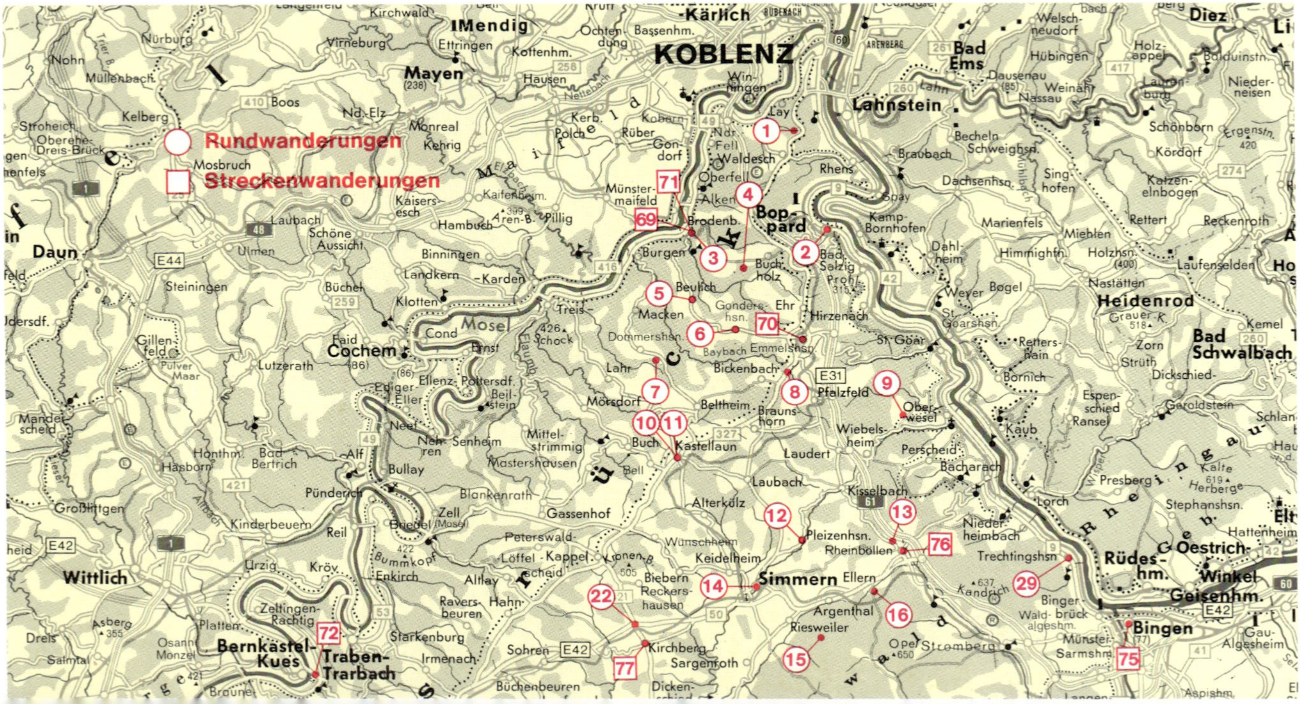

Rundwanderungen
Streckenwanderungen
KOBLENZ
Kärlich
Mendig
Mayen
Daun
Wittlich
Cochem
Mosel
Boppard
Lahnstein
Bad Ems
Diez
Bad Schwalbach
Heidenrod
Rüdesheim
Bingen
Oestrich-Winkel
Geisenheim
Bacharach
Kaub
Oberwesel
St. Goar
St. Goarshausen
Lorch
Simmern
Kastellaun
Kirchberg
Emmelshausen
Bernkastel-Kues
Traben-Trarbach
Zell (Mosel)
Bullay
Alf
Treis-Karden
Münstermaifeld
Pfalzfeld
Rheinböllen
Stromberg
Argenthal
Ellern
Laubach
Alterkülz
Rhens
Alken
Oberfell
Brodenb.
Burgen
Lay
Winningen
Kobern
Polch
Kaisersesch
Ulmen
Lutzerath
Gillenfeld
Manderscheid
Nürburg
Kelberg
E31
E42
E44

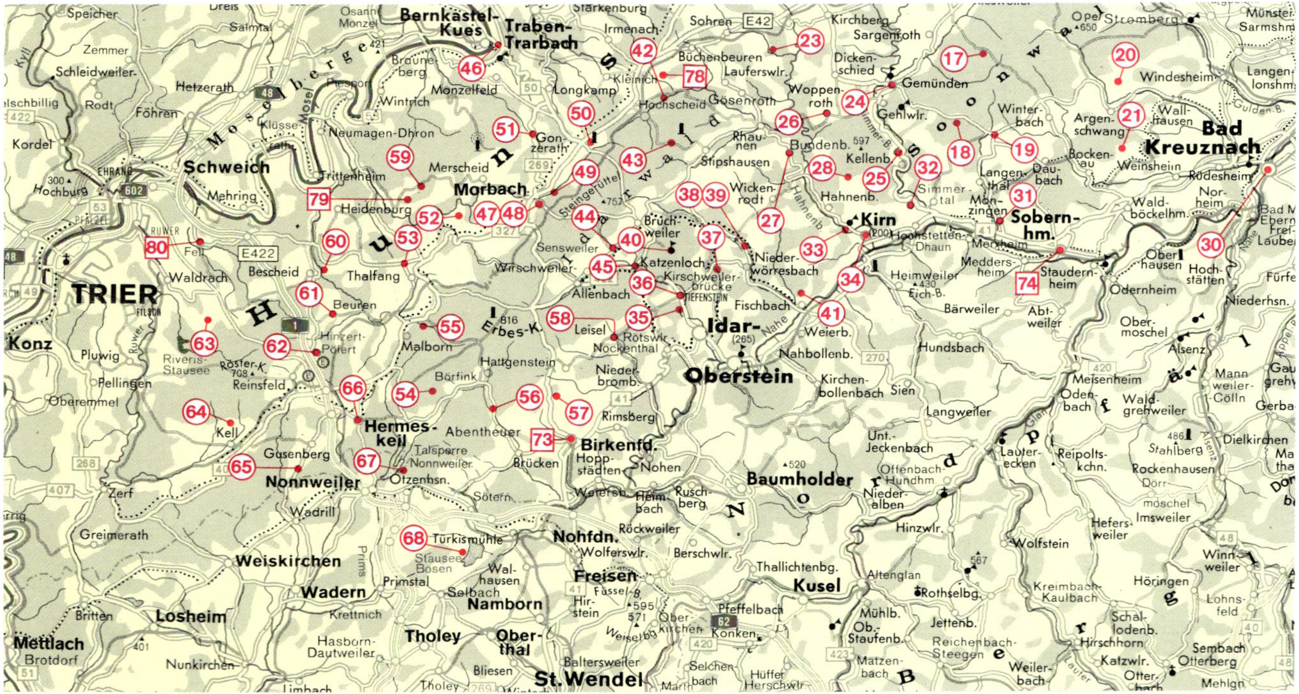

Bernkastel-Kues
Traben-Trarbach
Trier
Schweich
Konz
Morbach
Idar-Oberstein
Kirn
Bad Kreuznach
Sobernhm.
Birkenfd.
Baumholder
Kusel
Hermeskeil
Nonnweiler
Weiskirchen
Wadern
Losheim
Mettlach
Tholey
Oberthal
Namborn
St. Wendel
Nohfdn.
Freisen
Hunsrück
Soonwald
Nordpfälzer Bergland
Moselberge
Idarwald
Erbes-K.
Mosel
Nahe
Prims
Speicher
Zemmer
Schleidweiler
Hetzerath
Föhren
Rodt
Kordel
Hochburg
Ehrang
Mehring
Salmtal
Osann-Monzel
Dreis
Piesport
Brauneberg
Monzelfeld
Wintrich
Klüsserath
Neumagen-Dhron
Trittenheim
Merscheid
Gonzerath
Heidenburg
Thalfang
Fell
Waldrach
Bescheid
Beuren
Hinzert-Pölert
Riveris-Stausee
Rösterkopf 708
Reinsfeld
Pluwig
Pellingen
Oberemmel
Kell
Gusenberg
Zerf
Greimerath
Wadrill
Britten
Brotdorf
Nunkirchen
Krettnich
Hasborn-Dautweiler
Bliesen
Limbach
Malborn
Börfink
Hattgenstein
Abentheuer
Talsperre Nonnweiler
Otzenhsn.
Sötern
Türkismühle
Stausee Bosen
Primstal
Selbach
Walhausen
Brücken
Hoppstädten
Nohen
Rimsberg
Niederbromb.
Leisel
Rötsweiler-Nockenthal
Allenbach
Wirschweiler
Sensweiler
Bruchweiler
Katzenloch
Kirschweilerbrücke
Tiefenstein
Fischbach
Weierb.
Nahbollenb.
Kirchenbollenbach
Sien
Irmenach
Starkenburg
Sohren
Büchenbeuren
Lauferswlr.
Kleinich
Hochscheid
Gösenroth
Longkamp
Rhaunen
Stipshausen
Wickenrodt
Niederwörresbach
Steingerüttel 757
Bundenb.
Kellenb.
Hahnenb.
Woppenroth
Dickenschied
Kirchberg
Sargenroth
Gemünden
Gehlwlr.
Winterbach
Langenthal
Daubach
Simmertal
Monzingen
Meddersheim
Merxheim
Hochstetten-Dhaun
Heimweiler
Eich-B.
Bärweiler
Abtweiler
Staudernheim
Hundsbach
Langweiler
Unt.-Jeckenbach
Offenbach-Hundhm.
Niederalben
Hinzwlr.
Ruschberg
Heimbach
Weiersb.
Röckweiler
Berschwlr.
Wolfersweiler
Hirstein
Füssel-B.
Oberkirchen
Weiselbg.
Konken
Pfeffelbach
Thallichtenbg.
Altenglan
Selchenbach
Hüffler
Herschweiler
Baltersweiler
Marthbach
Matzenbach
Ob.-Staufenb.
Mühlb.
Rothselbg.
Jettenb.
Reichenbach-Steegen
Weilerbach
Wolfstein
Kreimbach-Kaulbach
Lauterecken
Reipoltskchn.
Rockenhausen
Dörrmoschel
Imsweiler
Hefersweiler
Meisenheim
Odenbach
Waldgrehweiler
Obermoschel
Alsenz
Stahlberg 486
Dielkirchen
Mannweiler-Cölln
Gaugrehweiler
Gerbach
Höringen
Winnweiler
Lohnsfeld
Schallodenb.
Hirschhorn
Katzwlr.
Otterbach
Otterberg
Sembach
Mehlgn.
Odernheim
Oberhausen
Hochstätten
Niederhsn.
Fürfeld
Bad Münster-Ebernburg
Frei-Laubersheim
Rüdesheim
Norheim
Waldböckelheim
Weinsheim
Bockenau
Argenschwang
Wallhausen
Windesheim
Langenlonsheim
Münster-Sarmsheim
Stromberg
Opel 650
Guldenb.
Hahnenb.
Simmer-B.
Glan
Alsenz
Lauter
Appel-B.
Ruwer
Kyll
E42
E422
48
50
53
41
269
270
327
268
407
422
420
423
602
62
1
51
17
18
19
20
21
23
24
25
26
27
28
30
31
32
33
34
35
36
37
38
39
40
41
42
43
44
45
46
47
48
49
50
51
52
53
54
55
56
57
58
59
60
61
62
63
64
65
66
67
68
73
74
78
79
80

Orts- und Sachverzeichnis

mit Nummern-Angaben der betreffenden Touren;
schräg-gedruckte Zahlen weisen auf Kurzbeschreibung im Text hin.

Die »Bastei« an der Nahe bei Bad Kreuznach (Foto: Michael Klees)

Blick auf Traben-Trarbach (Foto: Verbandsgemeindeverwaltung Traben-Trarbach)

Vorwort

Endlos scheinende Waldgebiete, wilde Bäche, stürmische Höhen und milde Tallandschaften gestalten den Hunsrück zu einem verlockenden Wandergebiet für jede Jahreszeit. Neben vielen geologischen Besonderheiten und einer vielfältigen Tier- und Pflanzenwelt überraschen Zeugnisse jahrtausendalter Geschichte. Wenig bekannte Burgen überragen kleine Orte mit typischen Schieferdächern. Keltische Höhenfestungen, uralte Grabhügel und römische Heiligtümer liegen oft in unmittelbarer Nachbarschaft von eindrucksvollen Naturdenkmälern und beliebten Ausflugszielen.

Der Hunsrück bildet den südlichen Teil des Rheinischen Schiefergebirges. Er wird begrenzt von Mosel, Nahe, Saar und Rhein. Sein welliges Plateau umfaßt rund 700 Quadratkilometer. Es erhebt sich 400 bis 500 Meter über den Meeresspiegel und wird von einem dicht bewaldeten Höhenrücken überragt. Er gliedert sich in Bingerwald und Soonwald im Osten, geht gegen Südwesten in den Idarwald über, gipfelt im Schwarzwälder Hochwald im Erbeskopf (816 m), dem höchsten Punkt in Rheinland-Pfalz, und erreicht mit dem Osburger Hochwald das Trierer Land.

Die Entstehung der Landschaft läßt sich rund 400 Millionen Jahre zurückverfolgen. Im Erdzeitalter Devon war das Land von einem flachen Meer bedeckt. Tone und Sande lagerten sich in einem langwierigen Prozeß auf dem Meeresboden ab und umschlossen zu Boden gesunkene, abgestorbene Lebewesen. Wir finden sie heute als Versteinerungen im Gemündener und Bundenbacher Schiefer. Die Ablagerungen zerbrachen durch ihr Gewicht die Erdkruste und wurden durch seitlichen Druck aufgefaltet. Land stieg auf. Ton wurde in Tonschiefer und Sand in Quarzit umgewandelt. Eine rege Vulkantätigkeit setzte ein. Aus Spalten der Erdkruste drang flüssiges Magma, kühlte ab und bildete Blasen mit mineralischen Lösungen. Sie kristallisierten zu den bekannten Idar-Obersteiner Achatgeoden. Aufgefaltetes Land verwitterte zu Schutt, der sich in tieferen Lagen sammelte. Wir finden ihn im Naheland als sogenanntes Rotliegendes. Der Rotenfels bei Bad Kreuznach ist ein bekanntes Beispiel.

Vor rund 60 Millionen Jahren, im Tertiär, hob sich der Hunsrück erneut. Wasserläufe und Erosion trugen weiche Erdschichten ab und legten die harten Quarzitkämme und den im Urzeitmeer entstandenen Schiefer frei. Erst sehr viel später, mit Beginn der Warmzeit (etwa 10 000 v. Chr.), entwickelte sich ein dichter Laubwald.

In der Jungsteinzeit (3000–1700 v. Chr.) begann der Mensch die Flußtäler zu erkunden. Er nahm aber erst in der Eisenzeit (ab 700 v. Chr.) maßgeblichen Einfluß auf die Landschaftsgestaltung. Er rodete weite Flächen der Hochebene und die fruchtbaren Tallandschaften. Im dritten vorchristlichen Jahrhundert kristallisierte sich aus der Hunsrückbevölkerung die Kultur der keltischen Treverer heraus. Imposante Reste ihrer Höhenfestungen und viele Gräber verbergen sich im dichten Wald.

Koblenz, Rheinanlagen und Festung Ehrenbreitstein

(Foto: Stadtverwaltung Koblenz)

In den fünfziger Jahren vor Christus drangen Cäsars Legionen auf ihrem Gallienfeldzug bis in den Hunsrück vor. Die Treverer wurden trotz heftigen Widerstandes besiegt und kolonialisiert. Die Römer siedelten sich an und errichteten ein weites Straßennetz, das die bereits zur Bronzezeit über den Hunsrück führenden Handelsstraßen einbezog. Trier wurde Kaiserresidenz. Mit ihrer neuen Lebensart brachten sie den Wein in diese Region, der an den Schieferhängen der Flußtäler auch heute bestens gedeiht. Das lebhafte Treiben fand mit dem Untergang des römischen Reiches ein jähes Ende. Die Hunsrückhöhen verwaisten und sind dünn besiedelt geblieben.

Rund 500 Jahre später drangen die Franken ein. Neue, rege Handelswege entstanden. Sie folgten den Flußtälern, brachten Wohlstand ins Land und begünstigten die Entstehung regionaler Machtzentren. Dort entstanden die mächtigen, zum Teil gut erhaltenen mittelalterlichen Burgen.

Im 19. Jahrhundert begann unter preußischer Verwaltung eine neue gravierende Veränderung des Landschaftsbildes. Einheimischer Laubwald wurde per Verordnung durch Fichtenanpflanzungen verdrängt. Die Bestrebungen, diesen Prozeß wieder umzukehren und das ursprüngliche Landschaftsbild zu pflegen, gehen leider nur zaghaft voran. 1982 wurde mit der Einrichtung des Naturparks Saar-Hunsrück ein Schritt in diese Richtung getan. Das Fehlen großer Industrieanlagen, eine geringe Bevölkerungsdichte und die abgeschiedene Lage haben die Hunsrückhöhen bislang vor weiteren großflächigen Eingriffen bewahrt und machen das Wandern zu einem Vergnügen.

Norbert Forsch

Hinweise

Es sind nur die wichtigsten *Verkehrsverbindungen* angegeben. Alle Ausgangspunkte der beschriebenen Touren sind mit dem Auto gut erreichbar. Viele Buslinien sind dünn befahren und ruhen an Feiertagen, Wochenenden und in den Schulferien. Die einzige noch regulär befahrene Bahnlinie im Hunsrück ist die Hunsrückbahn Emmelshausen – Boppard.

Durch den Hunsrück verlaufen viele Streckenwanderwege, darunter der europäische Fernwanderweg Atlantik – Ardennen – Böhmerwald, der Hunsrückhöhenweg und die Höhenwege der begrenzenden Flüsse. Diese *Markierungen* sind durchweg gut. Sie überschneiden sich zum Teil mit den Rundwanderwegen der Gemeinden.

Die *Tourenbeschreibungen* folgen, von wenigen Ausnahmen abgesehen, markierten Wanderwegen. Bei Überschneidungen werden nur die wesentlichen Markierungen angegeben. Eine große Anzahl Wegweiser erleichtert zusätzlich die Orientierung.

Die angegebene *Wanderzeit* entspricht durchschnittlicher Geschwindigkeit ohne längere Rast. Angaben zu *Tourenlängen* und *Höhenunterschieden* sind gerundet. Unter *Höhenmeter* versteht sich die Summe aller zurückgelegten Steigungen.

1 Entdeckungen im Koblenzer Stadtwald

Verkehrsmöglichkeiten Ausgangspunkt ist der Eichenplatz. Er liegt an der B 327 (Hunsrückhöhenstraße) zwischen Koblenz und Waldesch an der Zufahrt zum Wildgehege Remstecken. Busse ab Koblenz, Waldesch, Simmern und Emmelshausen. Haltestelle Abzweig Remstecken.
Parkmöglichkeiten Wanderparkplatz Eichenplatz.
Wegmarkierungen M (Moselhöhenweg) zum Kühkopf, R (Rheinhöhenweg) und Wegweiser des Geologischen Wanderweges bis Anschluß RV (Rheinhöhenverbindungsweg) zum Merkurtempel, Weg Nr. 6 bis zur Waldescher Hütte, M bis Eichenplatz.
Tourenlänge 12 Kilometer. **Wanderzeit** 4 Stunden.
Höhenunterschiede 350 Höhenmeter.
Wanderkarte 1:50000 Der Rhein von Bingen bis Koblenz.
Wissenswertes *Koblenz,* die Stadt am Deutschen Eck, der Landspitze zwischen Rhein und Mosel, zählt rund 108000 Einwohner. Sie entstand aus dem römischen Kastell »Castrum ad Confluentes« (9 v. Chr.). Zu jener Zeit war der Stadtwald von den Kelten besiedelt. Auf dem Dommelberg wurden Reste ihrer Fliehburg, auf dem Kühkopf eine Kultstätte entdeckt. Von den Römern stammen die Grundmauern eines Gutshofes und eines

Am Deutschen Eck, Zusammenfluß von Rhein und Mosel
(Foto: Stadtverwaltung Koblenz)

Merkurtempels. Sie wurden aufwendig rekonstruiert. Viele Grabstätten beider Kulturen verbergen sich noch im dichten Wald. Die Wanderung folgt Teilstrecken des Archäologischen und des Geologisch-landeskundlichen Wanderweges. Im Wildgehege Remstecken können wir viele einheimische Tierarten beobachten.

Tourenbeschreibung Vom *Eichenplatz* über die *Fußgängerbrücke* der *Hunsrückhöhenstraße,* etwa 150 Meter geradeaus, dann in der Rechtskurve des breiten Weges in den links abzweigenden Pfad (M). Er quert einen breiten Forstweg und führt zur *Schutzhütte* beim *Höhenkreuz* auf dem *Kühkopf* und zur *Tafel 5* des *Geologisch-landeskundlichen Wanderweges.* Am nahen *Parkplatz* biegen wir links ab (R). Nach einem kurzen Wegstück biegen wir erneut links ab, halten uns stets links talwärts und erreichen auf schmalem Pfad die *Schutzhütte* beim *Kühborn* und *Tafel 7.* Wir biegen links in den Forstweg ein, halten uns an der ersten Gabelung links und an der zweiten Gabelung rechts (Wegweiser: Geologischer Wanderweg, R biegt links ab). Talwärts zu *Tafel 8.* Hier queren wir einen Forstweg und wandern auf schmalem Pfad weiter bergab. Stets geradeaus, zwei Forstwege querend, stoßen wir auf den *Rheinhöhenverbindungsweg* (RV), der hier auf schmalem Pfad verläuft. Links führt er zum *Dommelberg* hinauf. Rechts führt er am Berghang entlang zu einer *Schutzhütte* mit Blick auf Schloß Stolzenfels und weiter als schmaler Pfad zu einem breiten Forstweg. Hier links zur *Rot-Weiß-Hütte* am *Hasenberg.* Weiter auf schmalem Pfad zur *Augustahöhe* hinauf. Vor der Schutzhütte links in einen breiten Forstweg und zur Kreuzung beim *Schüllerhof,* eine Flurbezeichnung aus keltischer Zeit. Hier stoßen wir auf einen Wegweiser des *Archäologischen Wanderweges.* Geradewegs weiter zum *Merkurtempel.* Hier rechts talwärts zum Parkplatz *Eiserne Hand* (Weg Nr. 6). Wir folgen der B 327 ein kurzes Wegstück Richtung Koblenz, biegen dann rechts in einen Forstweg ein. Er folgt dem Lauf des *Kleinbornsbaches* ins Tal zur *Waldescher Hütte.* Hier rechts und bergauf (M, Wegweiser: Remstecken). Nach einigen Kurven geradewegs bergauf und am *Römischen Gutshof* vorbei zum *Wildgehege Remstecken.* Beim Hotel-Restaurant *Forsthaus Remstecken* rechts und zum nahen *Eichenplatz* zurück.

2 Boppard – Vierseenblick – Panoramaweg – Boppard

Verkehrsmöglichkeiten A 61 Ausfahrt Boppard oder über die B 9. Bahnverbindung Richtung Koblenz, Bingen und mit Emmelshausen (Hunsrückbahn). Bus- und Schiffsverbindung.
Parkmöglichkeiten Am Rheinufer.
Wegmarkierungen R (Rheinhöhenweg) bis zur Engelseiche, dann rote Raute bis Anschluß P.
Tourenlänge 7 Kilometer.
Wanderzeit 2½ Stunden.
Höhenunterschiede 250 Höhenmeter.
Wanderkarte 1:50000 Der Rhein von Bingen bis Koblenz.
Wissenswertes Ein anstrengender Steilaufstieg führt zu überwältigenden Aussichtspunkten. Wir können die Höhe auch mit der Minibahn oder dem Sessellift erreichen.

Boppard, die vielbesuchte Weinstadt am Rhein, zählt rund 18000 Einwohner. Die Reste des ehemaligen Kastelles Bodobriga sind in die mittelalterliche Stadtmauer eingegangen. Der Aussichtspunkt *Gedeonseck* nahe dem gleichnamigen Restaurant erinnert an den Bopparder Pfarrer und Heimatdichter Gedeon von der Heide (1831–1888). Vom *Vierseenblick* erscheinen die Schleifen des Rheins wie vier von Wald umgebene Seen.

Die Wanderwege in der Umgebung von Boppard sind gut markiert und mit vielen Wegweisern versehen. Wir können ihnen in Abänderung des beschriebenen Weges zum *Klostergut Jakobsberg* folgen, einem beliebten Ausflugsziel. Es entstand aus einem 1157 von Kaiser Friedrich I., Barbarossa, gestifteten Augustinerkloster.

Hunsrückbahn siehe Tour 70.

Tourenbeschreibung Vom *Bahnhof* spazieren wir zum Rhein, flanieren auf der *Uferpromenade* bis zu einem *Wegkreuz,* biegen links in den *Kreuzweg* ein, queren die *B 9,* unterqueren die Eisenbahnlinie, halten uns geradeaus und biegen hinter dem Gasthaus *Zum Mühlchen* rechts ab (R).

Ein schmaler Pfad führt uns sehr steil über den nackten Schiefer bergauf. Er folgt dem Sessellift und erreicht die Gaststätte beim *Gedeonseck.* Dann tauchen wir in den Wald und wandern auf breitem Weg zum *Vierseenblick* rechts des Wanderweges.

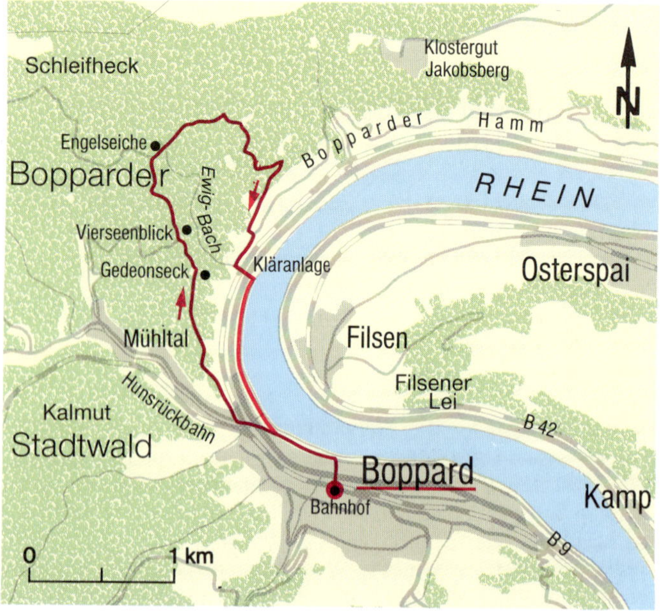

Stadtansicht von Boppard (Foto: Tourist Information Boppard)

Weiter auf breitem Weg zur *Engelseiche.* Hier rechts (rote Raute). Nach etwa 600 Metern erreichen wir eine breite Gabelung und biegen rechts in den *Panoramaweg* ein (P). Er ist gut markiert und schlängelt sich hinab durch den Wald in den *Bopparder Hamm.* Bei der *Kläranlage* am *Ewig Bach* unterqueren wir die *Eisenbahnlinie,* folgen der *Rheingoldstraße* (B 9), steigen auf einer Treppe zum Rheinufer hinab und wandern auf bequemem Weg zum Ausgangspunkt zurück.

3 Brodenbach – Ehrenburg – Brodenbach

Verkehrsmöglichkeiten A 61 Ausfahrt Emmelshausen und weiter über Gondershausen. Busse von Burgen und Koblenz. Schiffsverbindung.
Parkmöglichkeiten Parkplatz an der Straße Salzwiese (Weg zur Jugendherberge).
Wegmarkierungen E (Ehrbachtal), rote Raute, M (Moselhöhenweg).

Tourenlänge 8 Kilometer. **Wanderzeit** 2½ Stunden.
Höhenunterschiede 250 Höhenmeter.
Wanderkarte 1:50000 Die Mosel von Bernkastel-Kues bis Koblenz.
Wissenswertes Die malerisch gelegene *Ehrenburg* wurde 1120 auf römischen Gebäuderesten errichtet, 1689 im Pfälzischen Erbfolgekrieg zerstört. Der Rampenturm mit einer Auffahrt für Geschütze ist einer der frühesten Bastionstürme in Deutschland. Burghotel und Gaststätte.
Tourenbeschreibung Wir verlassen *Brodenbach* entlang der Straße *Salzwiese,* treffen auf die Verkehrsstraße, folgen ihr Richtung Emmelshausen und biegen vor dem Campingplatz links in einen schmalen Pfad ein (E). Beim Haus *Sonnenwinkel* links abbiegen und zur *Ehrenburg* hinaufsteigen (rote Raute).

Wir verlassen die *Ehrenburg* auf dem Fahrweg, passieren den oberhalb gelegenen *Parkplatz* (treffen auf das von rechts kommende Wegzeichen M), queren die von Brodenbach nach Buchholz führende Landstraße, wandern steil hinab ins *Brodenbachtal* und folgen dem linken Ufer des Baches zurück nach *Brodenbach.*

Blick ins Ehrbachtal (Foto: Michael Klees)

4 Windhausen – Schloß Schöneck – Ehrbachklamm – Windhausen

Verkehrsmöglichkeiten B 327 (Hunsrückhöhenstraße) bis Buchholz, Landstraße etwa 3 Kilometer Richtung Brodenbach zur südlich abzweigenden Straße nach Windhausen. Busverbindung mit Koblenz, Emmelshausen, Kastellaun und Oppenhausen.
Parkmöglichkeiten Im Ort.
Wegmarkierungen Ohne Markierung ins Ehrbachtal, dann H bis Anschluß E, M und Weg Nr. 51. Ohne Markierung von Oppenhausen nach Windhausen.
Tourenlänge 9 Kilometer.
Wanderzeit 2½ Stunden.
Höhenunterschiede 220 Höhenmeter.
Wanderkarte 1:50000 Die Mosel von Bernkastel-Kues bis Koblenz.
Wissenswertes Holzbach, Neyer Bach und Liesenfelder Bach bilden Hauptzuflüsse des im Oberlauf Kobelsbach genannten *Ehrbaches.* Er mündet bei Brodenbach in die Mosel. Viele der alten Mühlen sind zu gern besuchten Gaststätten umgebaut worden. Der eindruckvollste Abschnitt des wildromantischen Tales ist die drei Kilometer lange *Ehrbachklamm* zwischen der Rauschenmühle und der Eckmühle. Sie wurde 1909 von dem Apotheker Georg Franke aus Boppard erschlossen. 1987 wurden die

Ehrbachklamm (Foto: Michael Klees)

Brücken erneuert. Die Klamm kann man nun leicht durchwandern, ihr wurde jedoch viel von ihrer ursprünglichen Wildheit genommen.

Hoch über der Klamm erhebt sich die Ruine *Rauschenburg*. Sie wurde 1332 von Erzbischof Balduin von Trier als Trutzburg gegen die das untere Ehrbachtal beherrschende Ehrenburg, die im Baybachtal gelegene Burg Waldeck und gegen Schöneck errichtet. *Schloß Schöneck* wurde 1222 erstmals urkundlich erwähnt. Das Gebäude befindet sich heute im Besitz der Familienstiftung des Malers W. Steinhausen.

Tourenbeschreibung Wir verlassen *Windhausen* auf der *Schönecker Straße* und wandern bald talwärts. Kurz bevor die Straße wieder zu Schloß Schöneck ansteigt, biegen wir scharf links ab und treffen einen Zufluß des Ehrbachs. Wir folgen seinem Lauf ins Tal, biegen unmittelbar vor der *Schönecker Mühle* rechts ab (H) und folgen dem rechten Ufer des *Ehrbachs*. Bei der *Daubisberger Mühle* wechseln wir ans andere Ufer. Hier können wir das letzte, ehemals oberschlächtig arbeitende (von oben durch Wasser angetriebene), Mühlrad besichtigen. Der Wanderweg steigt nun zum Waldrand an und erreicht das Ufer wieder bei der *Rauschenmühle*. Nach dreimaligem Wechsel des Ufers erreichen wir die Enge unterhalb der Ruine Rauschenburg. Ein kleiner Wasserfall stürzt sich in den Ehrbach hinab. Eine Felsinschrift erinnert an den Apotheker Franke.

Nach Durchquerung der Klamm erreichen wir die steinerne *Brücke* kurz vor der Eckmühle, biegen rechts ab (M), wandern auf breitem Forstweg bergauf, treten aus dem Wald, halten uns geradeaus und erreichen eine Gabelung. Hier rechts (Weg 51 Oberdorf).

Am östlichen Ortsrand von *Oppenhausen* schlagen wir die Verkehrsstraße nach Hübingen ein. In der Senke der Verkehrsstraße biegen wir hinter den *Kleingartenanlagen* links ab (unmarkiert). Steil hinauf, etwa 300 Meter über die freie Höhe, dann links in einen Wirtschaftsweg. Nach einem kurzen Wegstück (noch vor Erreichen einer großen Obstbaumwiese) biegen wir rechts ab und wandern durch die Flur nach *Windhausen* zurück.

5 Beulich – Mermuth – Ehrbachklamm – Beulich

Verkehrsmöglichkeiten A 61 Ausfahrt Emmelshausen, Landstraße über Liesenfeld und Gondershausen. Busverbindung mit Brodenbach und Emmelshausen.
Parkmöglichkeiten Ortsmitte.
Wegmarkierungen M (Moselhöhenweg).
Tourenlänge 10 Kilometer.
Wanderzeit 3 Stunden.
Höhenunterschiede 220 Höhenmeter.
Wanderkarte 1:50000 Die Mosel von Bernkastel-Kues bis Koblenz.
Wissenswertes *Ehrbachklamm* siehe Tour 4.
Tourenbeschreibung Wir verlassen *Beulich* entlang der *Rhein-Mosel-Straße.* Etwa 600 Meter hinter dem Ortsausgang erreichen wir ein steinernes *Wegkreuz,* biegen rechts in den Asphaltweg ein und folgen seinen Windungen zu Tal. Zur Linken erstreckt sich ein Waldstück. Nun müssen wir aufpassen. Wir wandern ein kurzes Wegstück geradeaus in Richtung auf den ferner liegenden Wald, biegen dann links in einen unscheinbaren Feldweg ein. Er führt bergauf durch die Flur. An folgender Kreuzung links zum *Grieshof.*

Wir verlassen den *Grieshof* entlang der Verkehrsstraße Richtung Gondershausen, biegen nach etwa 50 Metern links ab und wandern am Rand von Buchenwald geradewegs nach *Mermuth.*

An der *Kapelle* biegen wir links ab, folgen dem breiten Wirtschaftsweg etwa 600 Meter, biegen rechts ab, tauchen halblinks in den Wald und treffen auf einen Zufluß des Ehrbachs. Wir folgen seinem Lauf auf unwegsamem Pfad und erreichen die Enge unterhalb der Ruine Rauschenburg, wo er sich als Wasserfall in den *Ehrbach* stürzt. Eine Felsinschrift erinnert an den Erschließer der Klamm. Stege führen uns zum rechten Ufer. Wir passieren den über eine Brücke nach Mermuth abzweigenden Weg, wandern an Wiesengelände entlang, erreichen die steinerne *Brücke* nahe der Eckmühle und überschreiten den *Ehrbach*. An folgendem Querweg links (M) und auf breitem Forstweg steil bergauf nach *Beulich*.

6 Gondershausen – Schmausemühle – Baybachtal – Burg Waldeck – Gondershausen

Verkehrsmöglichkeiten A 61 Ausfahrt Emmelshausen, Landstraße über Liesenfeld. Busverbindung mit Emmelshausen und Brodenbach.
Parkmöglichkeiten Am westlichen Ortsende von Ober-Gondershausen.
Wegmarkierungen Wegweiser bis zur Schmausemühle, B im Baybachtal, Weg Nr. 8 hinauf zur Burg Waldeck, mit M zum Grieshof, dann unmarkiert.
Tourenlänge 16 Kilometer.
Wanderzeit 5 Stunden.
Höhenunterschiede 300 Höhenmeter.
Wanderkarte 1:50000 Die Mosel von Bernkastel-Kues bis Koblenz.
Wissenswertes Der *Baybach* entspringt nahe Pfalzfeld und mündet nach rund 25 Kilometern bei Burgen in die Mosel. Das enge Tal ist wenig erschlossen und gilt als eines der schönsten Hunsrücktäler. In den Mühlen wurde früher Getreide, Raps und Erz gemahlen. Viele sind verfallen oder wurden zu Gaststätten umgebaut. Die Höhlen am Wegrand künden vom Schieferabbau vergangener Tage.

Die größte Anziehungskraft im Baybachtal genießt *Burg Waldeck* auf dem Drachenkopf, einst Stammsitz der Herren von Waldeck und eine der prächtigsten Burgen Deutschlands. Die Oberburg wurde 1142 erstmals erwähnt. 1250 wurde eine große Niederburg hinzugefügt. Im Pfälzischen Erbfolgekrieg wurde die ganze Pracht zerstört (1688). Auf dem Platz der Niederburg errichtete Freiherr Lothar Boos von Waldeck 1720 ein Wohnschloß. Kaum hundert Jahre später wurde es abgerissen. Eine bezaubernde Ruine ist erhalten geblieben. 1922 erwarben die Nerother Wandervögel, eine bündische Jugendbewegung, die Oberburg und richteten dort ihren Hauptsitz ein. Internationale Bekanntheit erlangte Waldeck durch die Festivalveranstaltungen »Chancon Folklore International« (1964–69).
Variante Wir verlassen *Gondershausen* entlang der Verkehrsstraße Richtung Emmelshausen, biegen etwa 500 Meter hinter dem Ortsausgang rechts ab (H), wandern durch die Flur in den Wald und erreichen den *Baybach*. Seinem Lauf folgend (B) passieren wir die *Schultheisermühle,* den Felsen *Vierley, Weinsmühle, Baretzley, Schiffchenley* und erreichen den folgend beschriebenen Weg bei der *Schmausemühle*. Die Tour verlängert sich um etwa sechs Kilometer.

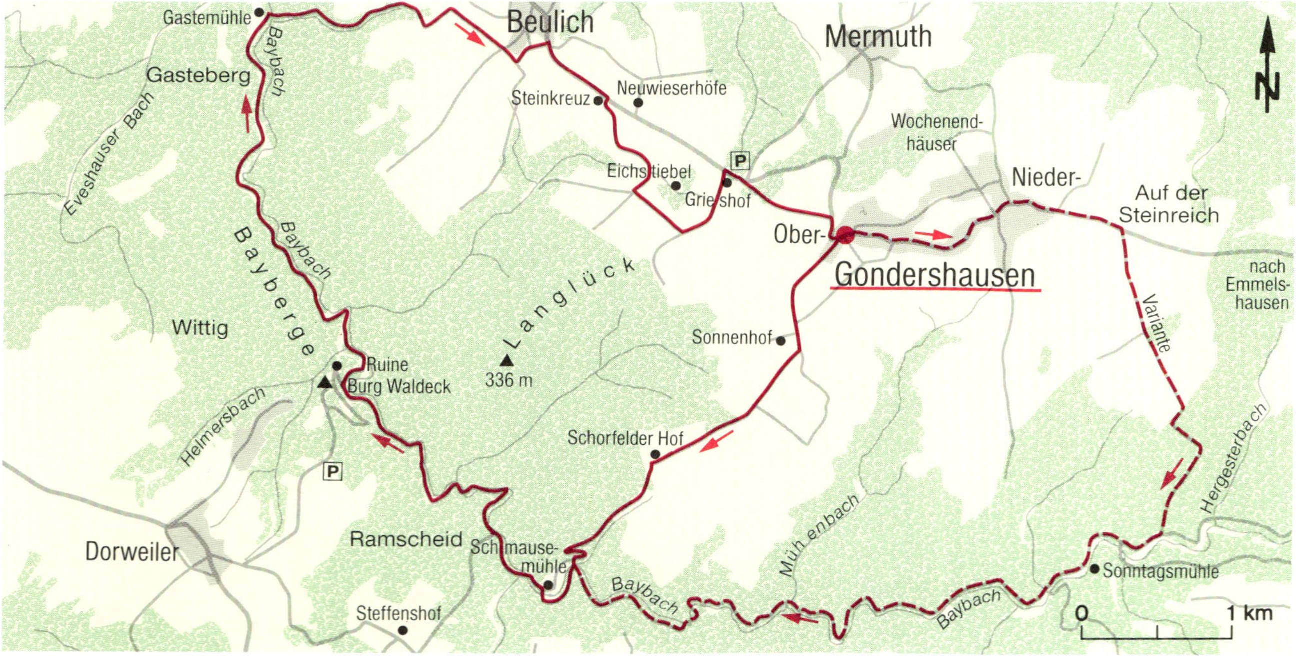
Gastemühle
Beulich
Mermuth
Gasteberg
Baybach
Steinkreuz
Neuwieserhöfe
Eveshauser Bach
Wochenend-
häuser
Eichstiebel
Grieshof
Nieder-
Auf der
Steinreich
Ober-
Gondershausen
Bayberge
Baybach
Langlück
nach
Emmels-
hausen
Wittig
Sonnenhof
Variante
Ruine
Burg Waldeck
336 m
Helmersbach
Schorfelder Hof
Hergesterbach
Mühlenbach
Ramscheid
Schmause-
mühle
Dorweiler
Sonntagsmühle
Baybach
Steffenshof
Baybach
0
1 km

Tourenbeschreibung Am westlichen Ortsende von *Ober-Gondershausen* schlagen wir die breite *Waldecker Straße* ein. Mit schönen Fernblicken wandern wir durch die Flur, passieren den *Sonnenhof,* biegen hinter dem *Schorfelder Hof* links in einen breiten Weg ein und wandern talwärs durch den Wald. Ein Wegweiser führt uns bald links in einen schmalen Weg. Wir können gleichwohl auf dem breiten Weg verbleiben und erreichen ebenfalls die *Schmausemühle.*

Wir folgen dem rechten Ufer des Baybaches (B), wechseln aber bald ans linke Ufer. Der Wanderweg steigt zum Hochufer an, passiert bei der *Niederburg* die Abzweigung (8) zur Oberburg, führt als schmaler Pfad (Weg Nr. 6 und B) am Hochufer entlang und wieder hinab, erreicht eine steinerne Brücke, zieht nun nach links und führt auf- und absteigend zur *Gastemühle.*

Fliegenpilz (Foto: Christina Garstecki)

Unmittelbar vor der *Gastemühle* biegen wir rechts ab (M), überschreiten einen zufließenden Bach, folgen seinem schmalen Tal stetig steil bergauf, biegen auf der Anhöhe links in einen breiten Forstweg ein, wandern weiter bergauf und halten uns geradeaus. Wir treten aus dem Wald, wandern am Rande eines Fichtenwaldes entlang und biegen oberhalb des Fichtenwaldes links ab. Der Weg zieht in eine weite Rechtskurve. Wir queren einen Wirtschaftsweg, wandern über die Höhe hinweg, queren die zum Beulicher Sportplatz führende Straße und biegen nach etwa 200 Metern links ab. An folgender Gabelung rechts und zur Verkehrsstraße am Ortsrand von *Beulich*. Wir folgen ihr Richtung Gondershausen, biegen hinter dem *Steinkreuz* rechts in den asphaltierten Wirtschaftsweg ein und folgen seinen Windungen zu Tal. Zur Linken erstreckt sich ein Waldstück. Nun müssen wir aufpassen. Wir wandern ein kurzes Wegstück geradeaus in Richtung auf den ferner liegenden Wald, biegen dann links in einen unscheinbaren Feldweg ein. Er führt bergauf durch die Flur. An folgender Kreuzung links und zum *Grieshof*. Wir spazieren um den *Grieshof* herum und wandern geradeaus am *Wasserbehälter* vorbei nach *Gonderhausen* zurück.

7 Dorweiler – Burg Waldeck – Baybachtal – Dorweiler

Verkehrsmöglichkeiten B 327 (Hunsrückhöhenstraße) bis Gödenroth, Landstraße über Beltheim. Busverbindung mit Kastellaun und über Dommershausen mit Macken.
Parkmöglichkeiten Im Ort oder am Fahrweg zur Burg Waldeck.
Wegmarkierungen Wege Nr. 6, 8, B und H.
Tourenlänge 8,5 Kilometer.
Wanderzeit 2½ Stunden.
Höhenunterschiede 180 Höhenmeter.
Wanderkarte 1:50000 Die Mosel von Bernkastel-Kues bis Koblenz.

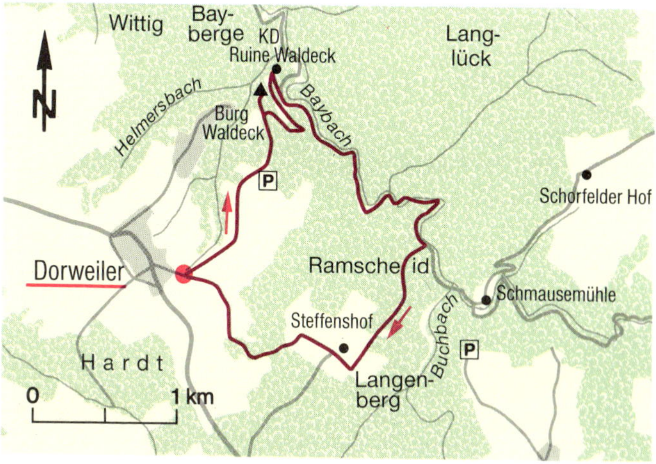

Wissenswertes *Baybachtal* und *Burg Waldeck* siehe Tour 6.
Tourenbeschreibung Am östlichen Ortsrand von *Dorweiler* führt ein Fahrweg zur Burg Waldeck (Wege Nr. 6 und 8). Wir folgen ihm durch die Flur, passieren kurz vor dem Waldrand zur Rechten einen *Parkplatz* und erreichen die ersten *Häuser* der Arbeitsgemeinschaft Burg Waldeck. (Der Fahrweg führt weiter geradeaus zur *Oberburg,* dem Sitz der Nerother Wandervögel.) Ein Wegweiser weist rechts in den Wald (6, 8). Links haltend zu Tal. Beim Eingang zur malerischen Ruine der *Niederburg* zieht unser Weg in eine scharfe Rechtskurve und führt zum *Baybach* (6, 8). Wir folgen dem wilden Lauf des Baches etwa zwei Kilometer (B, 8), biegen dann rechts in einen schmalen Pfad ein (H) und wandern steil bergauf. Der Pfad mündet bald in einen breiteren Weg. Am Ortsrand von *Steffenshof* biegen wir rechts ab und wandern auf breitem Asphaltweg nach *Dorweiler* zurück (6, 8).

8 Reifenthal – Baybachtal – Reifenthal

Verkehrsmöglichkeiten Reifenthal liegt direkt an der B 327 (Hunsrückhöhenstraße) etwa drei Kilometer südlich von Emmelshausen. Busse von Simmern und von Koblenz über Emmelshausen. Haltestelle Niedert/Schloß Reifenthal.
Parkmöglichkeiten Wanderparkplatz an der bei Reifenthal nach Thörlingen abzweigenden Straße.
Wegmarkierungen B bis zur Schultheisermühle, Weg Nr. 26 bis Thörlingen, dann Weg Nr. 28.
Tourenlänge 10 Kilometer.
Wanderzeit 3 Stunden.
Höhenunterschiede 180 Höhenmeter.
Wanderkarte 1:50000 Der Rhein von Bingen bis Koblenz.
Wissenswertes Wir folgen dem lauschigen Oberlauf des Baybaches. Das Tal ist hier weitaus weniger zerklüftet wie in seinem unteren Abschnitt.

Näheres zum *Baybachtal* siehe Tour 6.
Tourenbeschreibung Direkt an der bei Reifenthal nach Thörlingen abzweigenden Straße führt unser Wanderweg ins *Baybachtal.* Er ist hervorragend markiert, passiert die am jenseitigen Ufer gelegene Niedertermühle, dann die *Layenmühle* und die *Jakobsmühle,* quert den *Baybach,* führt am Zaun einer *Kläranlage* entlang, quert dann den *Baybach* ein zweites Mal. Nun

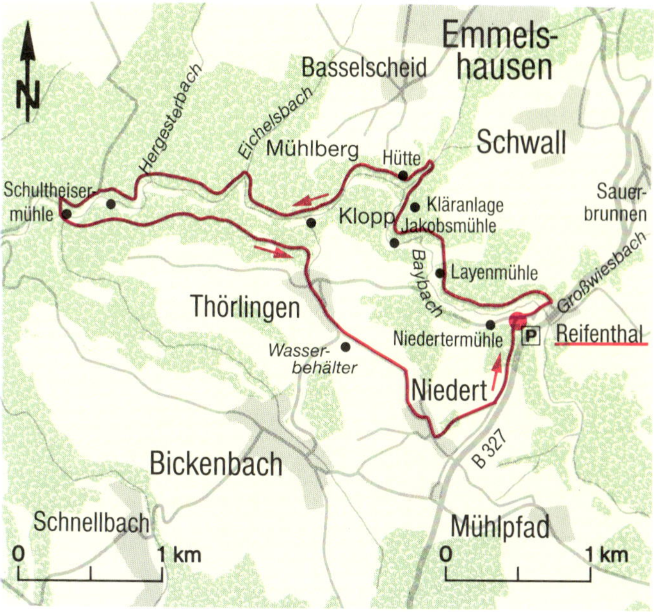

ein kurzes Wegstück auf schmalem Pfad bergauf, dann links in einen breiten Forstweg. Er endet vor der *Sohnsmühle.* Hier auf schmalem Pfad bergauf und wieder zum *Baybach* hinab. Bei einer *Schutzhütte* queren wir den zufließenden *Eichelsbach.* Bald über Stufen steil den Hang hinauf und links in einen breiten Weg. In seiner Rechtskurve biegen wir links ab, queren den zufließenden *Hergesterbach* und biegen links in einen breiten Forstweg ein. Wir passieren die *Peterchesmühle* und erreichen die *Schultheisermühle.* Hier queren wir den *Baybach* (Weg Nr. 26), halten uns an folgender Gabelung links, queren einen zufließenden *Bach* und wandern auf schwach erkennbarem Pfad steil hinauf zum Querweg auf der Höhe. Hier links, durch dunklen Fichtenwald bergauf und geradewegs nach *Thörlingen.* Wir verlassen den Ort Richtung Bickenbach und biegen am Ortsende links ab. Am *Wasserbehälter* vorbei durch die Flur geradewegs nach *Niedert.* Rechts in die *Hauptstraße,* bald links (Weg Nr. 28) und am *Spielplatz* und einem *Waldstück* vorbei zur *Hunsrückhöhenstraße.* Hier links und auf parallel verlaufendem Wirtschaftsweg zurück nach *Reifenthal.*

9 Damscheid – Marktplatz St. Aldegund – Großmördersnack – Damscheid

Verkehrsmöglichkeiten A 61 Ausfahrt Laudert und weiter über Wiebelsheim. Busse von Simmern und Oberwesel.
Parkmöglichkeiten Parkplatz Taunusblick beim Sportplatz.
Wegmarkierungen Weg Nr. 18.
Tourenlänge 6 Kilometer. **Wanderzeit** 2 Stunden.
Höhenunterschiede 120 Höhenmeter.
Wanderkarte 1:50000 Der Rhein von Bingen bis Koblenz.
Wissenswertes Im dichten Oberweseler Stadtwald liegt der *Marktplatz St. Aldegund*. Hier befand sich einst eine Eremitage und bis ins 18. Jahrhaundert eine der fränkischen Heiligen Aldegundis gewidmete Wallfahrtskirche.
Tourenbeschreibung Vom *Wanderparkplatz Taunusblick* etwa 500 Meter am Waldrand entlang, dann links hinauf zur Gabelung auf der Anhöhe. Hier links. Wir erreichen zur Linken einen Felsen und biegen rechts in einen schmalen Weg ein. Ein kurzes Wegstück bergab, dann links in einen weichen Waldweg, bald rechts in einen breiten Forstweg. Von rechts stößt der von Oberwesel kommende Wanderweg zu uns, dann erreichen wir eine Wegekreuzung und biegen halblinks ab. Sanft bergauf. Wir halten uns geradeaus, queren mehrere Forstwege und erreichen den von alten Eichen überschatteten *Marktplatz St. Aldegund*.

Wir biegen links in die nach Damscheid führende *Lingerhahnstraße* ein, passieren den links nach Birkheim abzweigenden

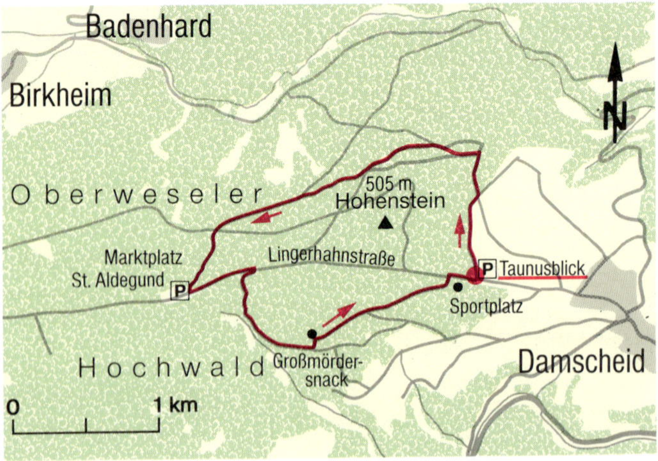

Herbstfärbung (Foto: Christina Garstecki)

Wanderweg Nr. 19, biegen dann nach etwa 100 Metern rechts in einen unscheinbaren Waldweg ein. Er trifft auf einen breiten Forstweg. Ihm folgen wir nach rechts und treffen auf die Kurve eines breiten Weges. Links talwärts und an folgender Gabelung links. Wir passieren den Aussichtspunkt *Großmördersnack*. Der seltsame Name erinnert an cin ungeklärtes Verbrechen. An folgender Gabelung links und geradewegs zum *Sportplatz* zurück.

10 Kastellaun – Trimmbachtal – Deimerbachtal – Ourbachtal – Kastellaun

Verkehrsmöglichkeiten Kastellaun liegt im vorderen Hunsrück an der B 327 (Hunsrückhöhenstraße). Gute Busverbindungen.
Parkmöglichkeiten Rund um den Marktplatz.
Wegmarkierungen Symbol der Giebelfront eines Hauses (Drei-Täler-Weg).
Tourenlänge 13 Kilometer. **Wanderzeit** 4 Stunden.
Höhenunterschiede 300 Höhenmeter.
Wanderkarte 1:50000 Die Mosel von Bernkastel-Kues bis Koblenz.
Wissenswertes Eine erholsame Dreitälerwanderung. Sie führt durch eine idyllische Wald-, Wiesen- und Bachlandschaft. Viele Mühlengebäude säumen den Weg.

Kastellaun wurde vermutlich bereits im 9. Jahrhundert gegründet. 1305 bekam der Ort die Stadtrechte verliehen. 1689 wurde die Stadt mitsamt ihrer Burg zerstört und sank vorübergehend zur Bedeutungslosigkeit herab. Erst 1968 erhielt Kastellaun die Stadtrechte erneut. Hier praktizierte der Chirurgius Diederich Pies (1590–1666), der durch seine ärztliche Kunst mit dem Wort »piesacken« in die deutsche Sprache eingegangen ist.

Tourenbeschreibung Wir verlassen *Kastellaun* entlang der *Hunsrückhöhenstraße* (B 327) Richtung Koblenz, biegen gegen Ortsende links in die *Mühlenstraße* ein, passieren die *Grundmühle* und wandern dem *Trimmbach* folgend ins *Deimerbachtal*. Wir überschreiten den *Deimerbach,* biegen links ab, folgen seinem rechten Ufer, passieren die *Neumühle,* dann die Altmühle am jenseitigen Ufer, überschreiten bei der *Junkersmühle* wieder den *Deimerbach,* biegen rechts ab und treffen auf die Verkehrsstraße. Ihr folgen wir ein kurzes Wegstück Richtung Korweiler und biegen dann links in den ersten Forstweg ein. Bald passieren wir die *Gräfenmühle*, dann die *Korweilermühle* und wenig später die *Sulzmühle*. Hier verlassen wir das *Deimerbachtal* und wandern durch das lauschige *Ourbachtal* zum *Kaiserweiher* und am *Wanderparkplatz Bornig* vorbei zurück nach *Kastellaun*.

11 Kastellaun – Ruine Balduinseck – Wohnrother Tal – Kastellaun

Verkehrsmöglichkeiten Kastellaun liegt im vorderen Hunsrück an der B 327 (Hunsrückhöhenstraße). Gute Busverbindungen.
Parkmöglichkeiten Rund um den Marktplatz.
Wegmarkierungen Symbol eines Reichsapfels (Balduinspfad).
Tourenlänge 14 Kilometer.
Wanderzeit 5 Stunden.
Höhenunterschiede 270 Höhenmeter.
Wanderkarte 1:50000 Die Mosel Bernkastel-Kues/Koblenz.
Wissenswertes Die Burgruine *Balduinseck* wurde 1325 durch Erzbischof Balduin von Trier als Grenzfeste gegen die Grafschaft Sponheim erbaut. Mit der Zeit verfiel die Burg. Mächtig ragt nur noch der innen zusammengefallene Wohnturm empor.
Kastellaun siehe Tour 10.

Kastellaun, Fenster mit Figuren (Foto: Heinz-Egon Rösch)

Aisper-
kopf
Uhler
Roth
Sonnenhof
Ourbach
Kaiser-
weiher
Bornig
Hunsrück-
höhenstraße
B 327
Kaspersmühle
Buch
Burgruine
Balduinseck
Schumbach
Lindenmühle
Dreiherren
wald
Haselberg
Schweitzermühle
Kindergarten
Marktplatz
Leiberg
Kastellaun
Jäckelsberg
Mastershausen
Wohnrother Bach
Gleichewald
Katzenloch
Wohnrother
Kopf
Bell
Hohe Buch
Wohnroth
Bahnhof Bell
Rosert
0
1 km
Krastel
Spesenroth

Tourenbeschreibung Wir verlassen den *Marktplatz* entlang der Straße *Hasental,* wandern an der Burg vorbei und biegen rechts in die *Moselstraße* ein. Am *Kindergarten* etwa 100 Meter links hinauf Richtung Buch, dann rechts zum *Wanderparkplatz Bornig* und auf breitem Wirtschaftsweg in den Wald. Am *Kaiserweiher* vorbei und durch die Flur nach *Buch.* Wir verlassen den Ort entlang der nach Mastershausen führenden Straße. Kurz hinter dem Ortsausgang biegen wir links ab. Der markierte Weg folgt nun dem Lauf des *Schumbachs* zur *Burgruine Balduinseck.*

Von der *Burgruine* wandern wir durch das lauschige *Wohnrother Tal* Richtung Bell. Kurz vor Bell biegen wir links ab, wandern am nördlichen Ortsrand entlang durch die Flur, queren die nach Buch führende Verkehrsstraße, erreichen auf breitem Weg die *B 327* und folgen ihr zum *Marktplatz* zurück.

Bei Kastellaun (Foto: Michael Klees)

12 Pleizenhausen – Klosterkumbd – Horn – Budenbach – Rayerschied – Pleizenhausen

Verkehrsmöglichkeiten Pleizenhausen liegt etwa fünf Kilometer nordöstlich von Simmern. Busverbindung mit Simmern.
Parkmöglichkeiten Bei der Bushaltestelle an der Kirche.
Wegmarkierungen W 5.
Tourenlänge 12 Kilometer.
Wanderzeit 3½ Stunden.
Höhenunterschiede 180 Höhenmeter.
Wanderkarte 1:50000 Der Rhein von Bingen bis Koblenz.
Wissenswertes Diese Tour führt über ungeschützte freie Höhen nordöstlich von Simmern.
Tourenbeschreibung Wir verlassen *Pleizenhausen* Richtung Simmern/Laubach. Am Ortsende rechts hinauf zum Querweg

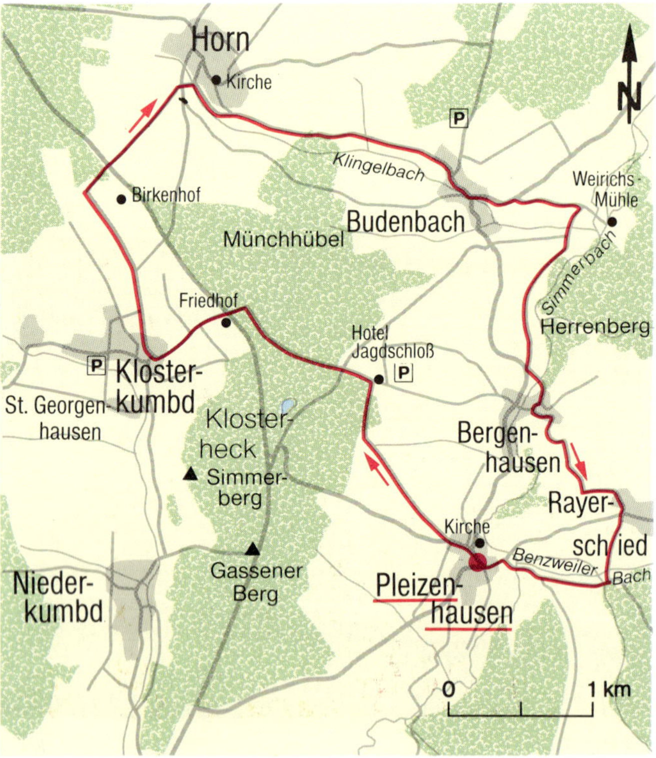

Hochwildschutzpark Hunsrück bei Rheinböllen (Foto: Michael Klees)

am Waldrand. Hier rechts. Beim *Hotel Jagdschloß* links. Wir queren die nach Budenbach führende Verkehrsstraße, erreichen nach etwa einem Kilometer eine Kreuzung, biegen links ab, queren die Straße Laubach – Simmern und wandern am *Friedhof* vorbei nach *Klosterkumbd*. Im Ort rechts hinauf, durch die Flur und oberhalb vom Birkenhof rechts. Wir queren wieder die Verkehrsstraße Laubach – Simmern, wandern geradewegs zum Ortsrand von *Horn,* queren die Verkehrsstraße aund den *Klingelbach,* biegen am *Umspannturm* rechts ab, treffen auf einen Fahrweg und folgen ihm nach *Budenbach.* Wir verlassen den Ort Richtung Kisselbach und biegen in der langgezogenen Linkskurve rechts ab. Vor der Weirichsmühle rechts. Der Wanderweg folgt dem Lauf des Simmerbachs. Bei der *Klumpenmühle* biegen wir in den unscheinbaren Wiesenweg ein, queren den *Simmerbach,* wandern nach *Bergenhausen* hinein, biegen gleich links ab und wandern über die Höhe nach *Rayerschied.* Wir queren die nach Benzweiler führende Verkehrsstraße, überschreiten den *Benzweiler Bach* und folgen der Verkehrsstraße nach *Pleizenhausen.*

13 Hochwildschutzpark Hunsrück – Struth – Hochwildschutzpark Hunsrück

Verkehrsmöglichkeiten A 61 Ausfahrt Rheinböllen. Der Weg ist ausgeschildert.
Parkmöglichkeiten Großer Parkplatz beim Hochwildschutzpark.
Wegmarkierungen Teilweise Gr 1, Weg Nr. 54 und Li 3.
Tourenlänge 9 Kilometer.
Wanderzeit 2 Stunden.
Höhenunterschiede 100 Höhenmeter.
Wanderkarte 1:50000 Der Rhein von Bingen bis Koblenz.
Wissenswertes Im rund 100 Hektar großen *Hochwildschutzpark Hunsrück* bei Rheinböllen werden neben Rot-, Dam- und Schwarzwild, Wisenten, Luchsen, Wölfen und Bären auch viele Kleintiere gepflegt. Nördlich vom Hochwildschutzpark erstreckt sich das *Naturschutzgebiet Struth,* ein Laubwald mit vielen Feuchtgebieten. Es liegt wie eine Insel zwischen Autobahn und Verbindungsstraßen. Viele vom vorgeschlagenen Rundweg abzweigende Wege enden im Sumpf und laden Freunde seltener Pflanzen zu behutsamen Entdeckungen ein.

Tourenbeschreibung Vom großen *Parkplatz* durch die *Autobahnunterführung.* Wir biegen rechts ab, wandern an der *Autobahn* entlang (Gr 1) und queren den *Volkenbach.* Der Weg steigt an, führt als schmaler Pfad am *Campingplatz* vorbei und trifft vor der Flur auf einen Wirtschaftsweg. Ihm folgen wir nach links zur Verkehrsstraße. Ihr folgen wir nach links zur etwa 400 Meter entfernten Kreuzung, biegen links ab und erreichen nach weiteren 500 Metern einen Querweg (Weg Nr. 45). Hier rechts und geradewegs wieder zur Verkehrsstraße. Wir folgen ihr etwa 700 Meter, biegen denn links in einen breiten Forstweg ein, wandern ins Tal und erreichen eine weite Wiesenfläche. Auf unscheinbarem Weg links am vor uns liegenden *Teich* vorbei und rechts in den breiten *Wackenbacher Weg.* Ihm folgen wir etwa 500 Meter, biegen dann links in einen breiten Fahrweg ein. Am *Forsthaus* vorbei, an folgender Kreuzung links und parallel zur *Autobahn* zurück zum *Hochwildschutzpark* (Li 3).

14 Simmern – Nunkirche – Ravengiersburg – Simmern

Verkehrsmöglichkeiten Simmern liegt am Nordrand des Sonnwaldes. A 61 Ausfahrt Rheinböllen, B 50 über Argenthal. Gute Busverbindungen im Nah- und Fernbereich.
Parkmöglichkeiten Großer Parkplatz an der Ecke Gemündener Straße/An der Bleiche nahe TÜV und Freizeitbad.
Wegmarkierungen S 2.
Tourenlänge 16 Kilometer.
Wanderzeit 5 Stunden.
Höhenunterschiede 220 Höhenmeter.
Wanderkarte 1:50000 Der Soonwald.
Wissenswertes Diese Wanderung führt eine weite Strecke über aussichtsreiche, schattenlose Höhen und schenkt einen Einblick in die typische Landschaft der Simmerner Mulde. Neben bedeutenden Baudenkmälern beeindrucken schöne Fachwerkhäuser.

In *Simmern* können wir den Schinderhannesturm besichtigen. In dem ehemaligen Pulverturm von 1330 wurde der Räuberhauptmann Schinderhannes alias Johannes Bückler 1799 gefangen gehalten. Der Turm birgt das Schinderhannesmuseum und eine volkskundliche Sammlung. Das Hunsrückmuseum befindet sich im Neuen Schloß.

Die romanische *Nunkirche,* ehemalig Wallfahrtskirche des heiligen Rochus, wurde bereits 1072 als Mutterkirche des Huns-

Simmerbachtal im Hunsrück (Foto: Heinz-Egon Rösch)

rückdoms erwähnt. Hier befand sich einst eine bekannte Markt- und Gerichtsstätte.

Der mächtige *Hunsrückdom Ravengiersburg* ist die einzige mittelalterliche Klosteranlage im Hunsrück. Sie entstand aus einer um 930 gegründeten Burg. Von der alten Bausubstanz sind noch die Türme von 1160 erhalten. Der heutige Kirchenbau wurde zu Beginn des 18. Jahrhunderts errichtet. Die modernen Stiftsgebäude beherbergen ein katholisches Erwachsenen-Bildungswerk.

Tourenbeschreibung Vom *Parkplatz* entlang der *Gemündener Straße* Richtung Gemünden und links in die nach Holzbach führende Verkehrsstraße. Wir unterqueren die *Bahnlinie* und die *B 50,* passieren die *Bushaltestelle Felke* (Linie Gemünden – Simmern) gegenüber der gleichnamigen Fabrik und biegen dann nach wenigen Metern links in den asphaltierten Wirtschaftsweg ein. Kurz hinter dem *Eichenhof* biegen wir scharf rechts ab.

Ein Feldweg, anfangs mit Eichen gesäumt, führt durch offene Flur. Wir treffen wieder auf die nach Holzbach führende Straße, folgen ihr etwa 400 Meter nach links, biegen dann rechts in die Straße nach Ohlweiler ein. Ihr folgen wir etwa 50 Meter, biegen dann links in einen asphaltierten Wirtschaftsweg ein. Wir durchwandern ein Waldstück, berühren eine Siedlung von Wochenendhäusern an der östlichen Ecke und erreichen wieder ein Waldstück. Der asphaltierte Weg zieht nach links, wir aber halten uns geradeaus. An der folgenden Gabelung halten wir uns ebenfalls geradeaus und erreichen einen Weg, dem wir durch die Flur, vorbei am 18 Meter hohen Bismarckturm, zur bereits sichtbaren *Nunkirche* am Ortsrand von *Sargenroth* folgen.

Wir verlassen den Ort entlang der Verkehrsstraße Richtung Belgweiler. Zur Linken sehen wir bereits unser nächstes Ziel, den Hunsrückdom. Nach etwa anderthalb Kilometern biegen wir in der Rechtskurve der Straße links ab. Auf verwachsenem Feldweg oberhalb einer langgestreckten Hecke, dann am Waldstreifen entlang. Wir erreichen einen Asphaltweg, dem wir talwärts folgen. Beim kleinen *Teich* links, über den *Gartenbach* und zum *Hunsrückdom.*

Wir verlassen *Ravengiersburg* entlang der Verkehrsstraße Richtung Oppertshausen. In der Linkskurve am Waldrand biegen wir rechts ab. An folgender Gabelung rechts und talwärts. Wir folgen dem Lauf des *Simmerbaches,* durchqueren *Belgweiler* auf der *Hauptstraße,* passieren *Bushaltestelle* und *Kirche* und wandern bergauf. In der scharfen Rechtskurve gegen Ortsende

Nunkircher Markt: Handwerkszünfte stellen aus (Foto: Michael Klees)

biegen wir links ab. Der Wanderweg folgt eine Weile dem Hochufer des heraufschimmernden Simmerbaches, dann senkt er sich hinab. Auf breitem Wirtschaftsweg durch das Tal nach *Ohlweiler*. Hier rechts. Wir verlassen den Ort Richtung Holzbach und biegen etwa 100 Meter hinter dem Ortsausgangsschild links ab. Auf breitem Asphaltweg bis zu einer Gabelung. Hier links. Wir stoßen auf den Wall der *B 50*. Hier rechts und auf dem parallel laufenden Wirtschaftsweg zum Ortsrand von *Simmern*.

15 Argenthaler Waldsee – Eremitage Reizenborn – Argenthaler Waldsee

Verkehrsmöglichkeiten B 50 bis zum westlichen Ortsrand von Argenthal, etwa 500 Meter Richtung Schanzerkopf, dann rechts Richtung Waldbad. Busse nach Argenthal ab Simmern, Bad Kreuznach und Mainz.
Parkmöglichkeiten Am Waldbad.
Wegmarkierungen Zeichen des IVV-Rundweitwanderweges und Stationen des Waldlehrpfades bis kurz hinter Reizenborn, dann ohne Markierung.
Tourenlänge 4,5 Kilometer.
Wanderzeit 1½ Stunden.
Höhenunterschiede Etwa 100 Höhenmeter.

Argenthaler Waldsee (Foto: Michael Klees)

Wanderkarte 1:50000 Der Soonwald.

Wissenswertes Diese kurze Wanderung läßt sich gut mit einem Bad im *Waldsee* verbinden. Er entstand durch den Eisenerztagebau der Grube Neufund.

Die Waldquelle *Reizenborn* war einst ein beliebter Rastplatz für Pilger, die über die Hunsrückhöhen zur Kirche von Spabrükken zogen. Angebliche Wunderheilungen durch das Quellwasser führten zur Gründung einer Einsiedelei. Im Dreißigjährigen Krieg wurden die Gebäude zerstört und gerieten weitgehend in Vergessenheit. 1985/86 wurden die Grundmauern freigelegt und der Platz neu gestaltet.

Tourenbeschreibung Vom *Parkplatz* an der Umzäunung des Seegeländes entlang und geradewegs in den Wald zu einer Wegspinne. Wir biegen halbrechts ab und wandern rechter Hand an der *Station Rotbuche* des *Waldlehrpfades Soon* (Schinderhannesweg) vorbei, treffen einen Querweg, folgen ihm nach links und erreichen eine Wegekreuzung. Hier rechts. Nach einem kurzen Wegstück treffen wir einen asphaltierten Fahrweg. Hier rechts talwärts. Bei einem *Unterstand* finden wir die versteckt liegende *Quelle.* Ein Pfad führt bergauf zur nahen *Ruine.*

Weiter dem Asphaltweg folgend, erreichen wir etwa 200 Meter hinter seiner Rechtskurve eine *Ruhebank,* biegen rechts ab und wandern geradewegs durch den Wald zu einer alten *Eiche.* Wir umgehen die *Eiche,* behalten unsere bisherige Richtung bei und erreichen wieder das *Waldbad.*

16 Ellern – Hochsteinchen – Katzenkopf – Schanzerkopf – Ellern

Verkehrsmöglichkeiten Ellern liegt an der B 50 zwischen Simmern und Rheinböllen. Busverbindung mit Simmern und Rheinböllen.
Parkmöglichkeiten Parkplatz der Soonwaldhalle.
Wegmarkierungen El 1, blaues Andreaskreuz (Europäischer Fernwanderweg Atlantik – Böhmerwald), El 2.
Tourenlänge 13 Kilometer.
Wanderzeit 4 Stunden.
Höhenunterschiede 250 Höhenmeter.
Wanderkarte 1:50000 Der Soonwald.
Wissenswertes Das *Hochsteinchen* (648 m) ist einer der höchsten Berge des Großen Soon. Der Aussichtsturm von 1892 wur-

de 1978 restauriert. Der *Schanzerkopf* (643 m) ist ein beliebtes Wintersportgebiet.

Tourenbeschreibung Vom *Parkplatz* bei der *Soonwaldhalle* bis zur Kreuzung bei der *Bismarckeiche*, links in den *Pfählweg* und geradewegs in den Wald. Der breite Weg endet vor einer Wegegabelung. Hier links zur etwa 200 Meter entfernten Gabelung und wieder links. Nach weiteren etwa 1800 Metern erreichen wir einen Asphaltweg, der nach etwa 500 Metern auf den Europäischen Fernwanderweg trifft (blaues Andreaskreuz). Hier rechts und mehrere Wege querend am *Hochsteinchen* vorbei. Ein abzweigender, kurzer Weg führt zum *Aussichtsturm*. Das blaue Andreaskreuz führt bald talwärts, an einer Wegegabelung nach links und über den *Katzenkopf* (640 m) und den Eichberg (572 m) zur Landstraße Ellern – Argenschwang. Ihr folgen wir bergab, biegen in der scharfen Rechtskurve links ab, wandern zur Abzweigung unterhalb der Wintersportanlage Schanzerkopf und biegen rechts ab (El 2). Etwa einen Kilometer geradewegs bergab zu einer Kreuzung. Hier rechts zum *Forsthaus Ellern* und links nach *Ellern* zurück.

17 Forsthaus Ellerspring – Ruine Wildburg – Forsthaus Ellerspring

Verkehrsmöglichkeiten Von Simmern nach Tiefenbach und weiter Richtung Kreershäuschen.
Parkmöglichkeiten Beim Forsthaus Ellerspring.
Wegmarkierungen W 1, W 3 bis zur Wildburg, dann Weg Nr. XV. Letztes Wegstück unmarkiert.
Tourenlänge 6 Kilometer.
Wanderzeit 1,5 Stunden.
Höhenunterschiede 60 Höhenmeter.
Wanderkarte 1:50000 Der Soonwald.
Wissenswertes Durch einsames Waldgebiet wandern wir zur sagenumwobenen *Wildburg*. Sie wurde um 1150 gegründet. Nach 1386 wurde sie von den Simmerner Herzögen als Jagdschloß genutzt. Bereits im 18. Jahrhundert war sie verfallen. Es sind nur geringe Mauerreste erhalten. Hier soll der Nibelung Volker von Alzey zur Jagd geritten sein.
Tourenbeschreibung Vom *Forsthaus Ellerspring* folgen wir der Verkehrsstraße bergauf und biegen nach einem kurzen Wegstück links in Wanderweg W 1/W 3 ein, der hier die Straße quert. Wir halten uns geradeaus und bleiben auf der Höhe. Bald

ragt ein mächtiger *Felsen* vor uns auf, der einst die Wildburg trug. Der Wanderweg zieht nun nach links, führt über die *Wildburghöhe* (629 m) und trifft einen breiten Forstweg. Hier links (XV), nach 700 Metern wieder links und geradewegs zur Verkehrsstraße, der wir bergauf zurück zum *Forsthaus* folgen.

18 Spaziergang zur Alteburg

Verkehrsmöglichkeiten B 41 bis Sobernheim, Landstraße Richtung Gemünden oder B 421 bis Gemünden, Gemündener Straße Richtung Bad Kreuznach bis zum Wanderparkplatz Alteburg.
Parkmöglichkeiten Wanderparkplatz Alteburg.
Wegmarkierungen H 3, blaues Andreaskreuz.
Tourenlänge 2 Kilometer.
Wanderzeit ½ Stunde.
Höhenunterschiede 120 Höhenmeter.
Wanderkarte 1:50000 Der Soonwald.
Wissenswertes Die Alteburg (620 m) besteht aus einem 20 Meter hohen Aussichtsturm. Er wurde 1890 errichtet. Im Osten schweift der Blick über die Soonwaldhöhen, im Westen sehen wir Koppenstein und Idarkopf, im Süden das Nahebergland. In der nahen Umgebung befinden sich Reste alter Wallanlagen. Es

ist nicht schlüssig geklärt, ob sie keltischen, römischen oder mittelalterlichen Ursprungs sind.

Tourenbeschreibung Beim *Wanderparkplatz* schlagen wir den breiten, asphaltierten *Rennweg* ein. Nach etwa 250 Metern biegen wir links ab (H 3, blaues Andreaskreuz), wandern auf schmalerem Waldweg bergauf, ignorieren einen links abzweigenden Pfad und erreichen den *Aussichtsturm* auf der *Alteburg*. Nach weiteren 50 Metern in bisheriger Richtung biegen wir rechts ab und treffen nach kurzem, steilem Abstieg wieder auf den *Rennweg*. Hier rechts und zum *Parkplatz* zurück.

19 Kallweiler – Schinderhanneshöhle – Waldfriede – Trifthütte – Alteburg – Kallweiler

Verkehrsmöglichkeiten B 41 bis Sobernheim, Landstraße Richtung Gemünden oder B 421 bis Gemünden, Gemündener Straße Richtung Bad Kreuznach. Busverbindung mit Sobernheim und Seesbach.

Parkmöglichkeiten Beim Café-Restaurant Haus Kallweiler oder an der etwa 200 Meter östlich gelegenen Straßengabelung Gemünden – Bad Kreuznach – Sobernheim.

Wegmarkierungen Teilweise Zeichen des IVV-Rundweitwanderweges bis Anschluß H 2 und H 3, E 3 und E 4, E 1.

Tourenlänge 13 Kilometer. **Wanderzeit** 3½ Stunden.

Höhenunterschiede 270 Höhenmeter.
Wanderkarte 1:50000 Der Soonwald.
Wissenswertes Beim Café-Restaurant *Haus Kallweiler* befand sich einst das reiche Dorf Kallweiler. Es wurde im Dreißigjährigen Krieg von den Schweden zerstört. Die *Schinderhanneshöhle* ist ein alter Bergwerksstollen.

Anderthalb Kilometer östlich von Kallweiler, an der nach Bad Kreuznach führenden Straße, liegt der Weiler *Entenpfuhl,* Sitz des Forstamtes im Großen Soon. Hier steht das Denkmal für Friedrich Wilhelm Utsch (1763–95), den mutmaßlichen historischen »Jäger aus Kurpfalz«. Neuere Untersuchungen geben Johann Adam Melsheimer den Vorzug. Er war von 1719 bis 1757 kurpfälzischer »reitender Förster im unteren Soon«. Sein Denkmal finden wir in Argenthal.

Altoburg siehe Tour 18.

Landschaft im Hunsrück (Foto: Michael Klees)

Tourenbeschreibung Etwa 200 Meter östlich vom Haus Kallweiler zweigt von der nach Bad Kreuznach führenden Gemündener Straße die Straße Richtung Sobernheim ab. Wir folgen ihr etwa 200 Meter, biegen dann rechts ab (IVV) und halten uns geradeaus. (Das Wegzeichen biegt bald links ab und führt auf bequemem Weg ins Tal. Der folgend beschriebene teilweise unmarkierte Weg ist etwas beschwerlich, aber reizvoller.)

Wir wandern bald leicht talwärts und in einer Linkskurve an der Kuppe des *Beilsteins* vorbei. Der Weg ist nun dicht mit Ginster zugewachsen und trifft bald auf eine Wegekreuzung. Hier scharf rechts zu Tal. Wir biegen bei der nächsten Möglichkeit links ab, erreichen auf schmalem Pfad den *Kieselbach* und biegen wieder rechts ab. Über eine *Brücke* zum *Rastplatz* bei der *Schinderhanneshöhle*. Hier links zur nahen Wiese. Nun rechts und auf schmalem Pfad am Waldrand entlang. Wir biegen bald rechts in einen breiteren Weg ein (H 4). Nach etwa 100 Metern zeigt das Wegzeichen einen schmalen, unwegsamen Pfad, der zur engen Schleife der nahen Verkehrsstraße führt. Es ist bequemer, auf dem breiten Weg zu bleiben. Er trifft die Straße oberhalb der engen Schleife, die wir nach einem kurzen Wegstück erreichen. Wir schlagen den dort abzweigenden Forstweg ein und wandern bergauf. Er folgt dem Lauf des *Steinbaches* Richtung Quelle. Bei *Waldfriede* queren wir den von Kallweiler nach Seesbach führenden *Heuweg* und biegen am folgenden Querweg beim *Forsthaus* rechts ab (H 2, H 3, IVV). Nun geradeaus. Wir passieren das beliebte Ausflugsziel *Trifthütte*, biegen links in die

Gemündener Straße ein, folgen ihr zum *Wanderparkplatz Alteburg* und schlagen dort den breiten, asphaltierten *Rennweg* ein. Nach etwa 250 Metern biegen wir links ab (H 3, blaues Andreaskreuz), wandern auf schmalerem Waldweg bergauf, ignorieren einen links abzweigenden Pfad und erreichen den *Aussichtsturm* auf der *Alteburg* (620 m). Nach weiteren 50 Metern in bisheriger Richtung biegen wir rechts ab und treffen nach kurzem, steilem Abstieg wieder auf den *Rennweg*. Hier links (blaues Andreaskreuz). Wir folgen dem *Rennweg* etwa anderthalb Kilometer, biegen dann rechts in den anfangs asphaltierten *Schwarzeborner* Weg ein (E 3, E 4). Hinter einer scharfen Rechtskurve endet der Asphalt. Wir folgen weiter den Kurven des breiten Weges, passieren eine *Baumschule,* ein *Holzhaus,* eine *Waldwiese,* überqueren den *Kieselbach* und wandern wieder an einer langgestreckten Waldwiese entlang. Gegen Ende der Wiese biegen wir rechts ab (E 1), wandern am Waldrand entlang, queren den zum nahen Birkenhof führenden Weg, halten uns stets rechts nahe am Wiesengelände und erreichen die 200 Meter östlich von Kallweiler gelegene Straßengabelung.

20 Spabrücken – Dalberg – Argenschwang – Spabrücken

Verkehrsmöglichkeiten B 41 bis zur Abzweigung zwischen Bad Kreuznach und Rüdesheim und weiter über Hargesheim und Wallhausen. Busverbindung mit Bad Kreuznach.
Parkmöglichkeiten Bei der Kirche.
Wegmarkierungen N (Nahehöhenweg) und gelber Punkt bis Dalberg, W 4 und T zum Keberskreuz, dann unmarkiert bis Anschluß A 4, A 3 und T.
Tourenlänge 11 Kilometer.
Wanderzeit 3 Stunden.
Höhenunterschiede 370 Höhenmeter.
Wanderkarte 1:50000 Der Soonwald.
Wissenswertes Die Wallfahrtskirche von *Spabrücken* wurde als Klosterkirche der Franziskaner 1338 erstmals erwähnt. Das heutige Gebäude stammt von 1731–36. Der Hochaltar von 1738 birgt Maria als Gnadenbild der »Mutter vom Soon« (14. Jh.).

Burg Dalberg wurde um 1150 gegründet. Berühmt wurden die Herren von Dalberg durch den zeremoniellen Ruf des Kaisers vor dem Ritterschlag »Ist denn kein Dalberg da?« Sie verdanken es einem tapferen Ahn, der dem Kaiser das Leben rettete.

Durch ihn erhielten sie das Privileg, vor allen anderen zum Ritter geschlagen zu werden.

Die Rosenburg in *Argenschwang* wurde im 12. Jahrhundert durch die Grafen von Sponheim gegründet. Sie dient heute als Pfadfinder-Jugendburg.

Tourenbeschreibung Wir verlassen *Spabrücken* entlang der Verkehrsstraße Richtung Bad Kreuznach, biegen gegen Ortsende in den *Schloßweg* ein (N und gelber Punkt) und wandern auf breitem Wirtschaftsweg in die Flur. Vor der scharfen Rechtskurve des Wirtschaftsweges biegen wir links in einen schmaleren Weg ein. Er weitet sich und zieht in eine Linkskurve. Wir halten uns hier geradeaus und wandern am Berghang entlang. Der Weg knickt bald links ab und führt an der efeuumrankten *Burgruine Dalberg* vorbei ins Tal nach *Dalberg.*

Wir biegen rechts in die Verkehrsstraße ein, queren die Straße Gemünden – Bad Kreuznach und den *Gräfenbach.* Bergauf, an folgender Gabelung rechts (W 4, T) und über die aussichtsreiche Höhe (N stößt wieder von links zu uns). Wir folgen dann der scharfen Linkskurve des Weges und wandern geradewegs in den Wald. Der Weg zieht sogleich nach links und trifft auf einen breiten Forstweg. Hier links und zum *Keberskreuz.*

Hier scharf rechts und etwa anderthalb Kilometer geradewegs durch den Wald zu einem Querweg vor einem Wiesengelände (unmarkiert). Hier rechts, wieder in den Wald und an folgendem Querweg links (A 4). Nun stets talwärts nach *Argenschwang* am Fuß der Rosenburg.

Wir verlassen den Ort entlang der Verkehrsstraße Richtung Spabrücken (A 3, T) und schlagen am Ortsende den rechts abzweigenden Wirtschaftsweg ein. Er führt unterhalb vom kleinen jüdischen *Friedhof* entlang. An folgender Gabelung links. Wir queren einen Zufluß des Gräfenbaches, erreichen eine Lichtung und biegen links ab. Auf steilem Pfad bergauf, dann am Waldrand entlang und geradewegs durch die Flur zu einem Querweg nahe der Verkehrsstraße. Hier rechts, an folgender Kreuzung links und zur bereits sichtbaren *Klosterkirche* von *Spabrücken*.

21 Sponheim – Burgsponheim – Bockenauer Schweiz – Sponheim

Verkehrsmöglichkeiten B 41 bis zur nach Sponheim abzweigenden Landstraße zwischen Waldböckelheim und Weinsheim. Busverbindung mit Bad Kreuznach und Sobernheim.
Parkmöglichkeiten Wanderparkplatz in der Trithemiusstraße.
Wegmarkierungen N bis Burgsponheim, roter Punkt und B 4 bis Bockenau, roter Punkt bis zur Naheweinstraße. Weitere Wegstrecke mit B 2, L 2, B 4 nicht durchgehend markiert.
Tourenlänge 16 Kilometer. **Wanderzeit** 4 Stunden.
Höhenunterschiede 300 Höhenmeter.
Wanderkarte 1:50000 Der Soonwald.
Wissenswertes Die mächtige Benediktinerkirche St. Maria und St. Martin in *Sponheim*, heute katholische Pfarrkirche, wurde in mehreren Bauperioden errichtet. Sie geht auf die Kirchengründung von Graf Eberhard zurück (1044). Nach der Reformation 1656 erlosch das Klosterleben. Hier wirkte von 1483 bis 1506 der Abt, Gelehrte und Okkultist Johannes Trithemius, Erzfeind des Schwarzkünstlers Johann Georg Sabellicus Faust, jener historischen Persönlichkeit, die durch Goethes Dichtung weltweite Berühmtheit erlangt hat. Angeblich zelebrierte Faust auf der Klostermauer eine Schwarze Messe gegen den Abt.

In *Burgsponheim* ist von der Stammburg der Grafen von Sponheim nur noch der Burgfried erhalten geblieben. Im Hoch- und Spätmittelalter waren die Sponheimer eines der bedeutendsten Adelsgeschlechter im Hunsrück und an der Nahe.

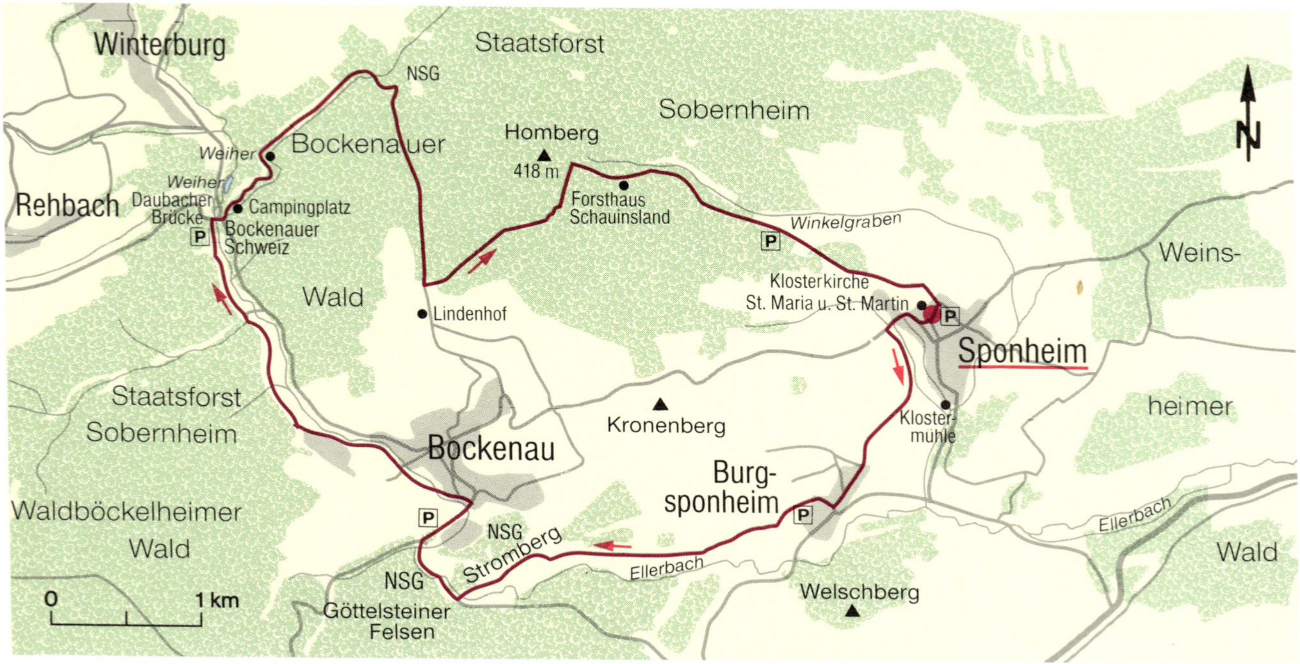

Winterburg
Staatsforst
NSG
Sobernheim
Homberg
418 m
Bockenauer
Weiher
Weiher
Rehbach
Daubacher Brücke
Campingplatz
Bockenauer Schweiz
Forsthaus Schauinsland
Winkelgraben
Weins-
Wald
Lindenhof
Klosterkirche St. Maria u. St. Martin
Sponheim
Staatsforst Sobernheim
Kronenberg
Kloster-mühle
heimer
Bockenau
Burg-sponheim
Waldböckelheimer Wald
NSG
Stromberg
Ellerbach
Ellerbach
Wald
NSG
Göttelsteiner Felsen
Welschberg
0
1 km

Die *Bockenauer Schweiz* trägt ihren Namen von Felspartien der Waderner Schichten.

Tourenbeschreibung Vom *Parkplatz* in der *Trithemiusstraße* zur *Kreuznacher Straße* (Durchfahrtsstraße), rechts Richtung Bockenau und am *Rathaus* vorbei. Am Ortsende biegen wir beim *Gasthaus Zur Quelle* links ab (N). Durch die Flur, an folgender Gabelung rechts und über die Höhe nach *Burgsponheim.* Wir biegen rechts in den *Bornweg* ein (roter Punkt, B 4) und wandern auf asphaltiertem Wirtschaftsweg durch die Flur. Der markierte Weg folgt dem Lauf des *Ellerbaches* und schlägt einen kurzen Bogen durch den Weinberg. Wir treffen auf die Verkehrsstraße, folgen ihr nach rechts Richtung Bockenau, passieren zwei alte Loks, Denkmäler für die stillgelegte Kreuznacher Kleinbahn, überschreiten den *Ellerbach* und biegen links in die *Johann-Hay-Straße* ein. An folgender Gabelung links in die *Ellerbachstraße* (roter Punkt) und geradewegs auf schmalem Pfad am Waldrand entlang durch das *Ellerbachtal.* Wir erreichen eine breite Gabelung und halten uns rechts. An der nach etwa 30 Metern folgenden Gabelung halten wir uns links. Der markierte Weg (roter Punkt) schlägt einen Bogen durch den Wald. Wir können gleichwohl weiter dem breiten Talweg folgen und erreichen ebenfalls die Verkehrsstraße (Naheweinstraße). Wir folgen ihr nach rechts (B 2), biegen links in die nach Winterburg führende Straße ein und beim *Campingplatz Bockenauer Schweiz* rechts ab (L 2).

Bockenau (Foto: Michael Klees)

Wir durchqueren den *Campingplatz* auf breitem Fahrweg, passieren zwei *Weiher* (L 2 biegt links ab), halten uns weiter geradeaus (unmarkiert), wandern durch das idyllische Wiesental an einem dritten *Weiher* vorbei in den Wald und biegen rechts in einen breiten Forstweg ein (B 2). Wir folgen der scharfen Rechtskurve des Weges, halten uns dann etwa anderthalb Kilometer geradeaus und biegen kurz vor dem Lindenhof links ab (B 4). Mehrere Wege querend erreichen wir nach weiteren anderthalb Kilometern den *Homberg* (418 m) und biegen rechts ab. Auf breitem Forstweg wandern wir am *Forsthaus Schauinsland* vorbei talwärts und erreichen *Sponheim* nahe der *Klosterkirche.* Die *Trithemiusstraße* führt uns zum *Parkplatz* zurück.

22 Kirchberg – Maitzborn – Womrath – Ravengiersburg – Kirchberg

Verkehrsmöglichkeiten Kirchberg liegt am Schnittpunkt der B 421 mit der B 50. Busverbindung mit Morbach, Simmern, Kastellaun und Rhaunen.
Parkmöglichkeiten Marktplatz.
Wegmarkierungen ⊥ und Weg XI.
Tourenlänge 20 Kilometer.
Wanderzeit 5 Stunden.
Höhenunterschiede 170 Höhenmeter.
Wanderkarte 1:50000 Der Soonwald.
Wissenswertes *Kirchberg* liegt an der alten Römerstraße, die einst Bingen mit Trier verband. Der Stadtteil Denzen wurde 371 nach Christus von Ausonius als Dumnissus erwähnt. Daran erinnert der Römerbrunnen, dessen Gestalt jedoch jüngeren Ursprungs ist. Der hochgelegene Ort war und ist ein wichtiger Verkehrsknotenpunkt. *Ravengiersburg* siehe Tour 14.
Tourenbeschreibung Vom Zentrum *Kirchbergs* folgen wir der B 50 ein kurzes Wegstück Richtung Simmern, biegen dann rechts ab und wandern durch die Flur auf den Eichhof zu (⊥). An der Kreuzung vor dem Eichhof biegen wir rechts ab. Nach etwa 500 Metern biegt das Wegzeichen (⊥) links ab. Wir halten uns hier geradeaus (XI) und wandern bald im Rechtsbogen zur Verbindungsstraße Simmern – Maitzborn. Ihr folgen wir nach *Maitzborn* hinein. Am *Friedhof* vorbei aus dem Ort und durch die Flur zum *Theisenhof.* Wir queren den *Sülzbach,* folgen seinem Lauf etwa einen Kilometer am Waldrand entlang, biegen dann rechts ab nach *Womrath.* An der *Kirche* vorbei, über den

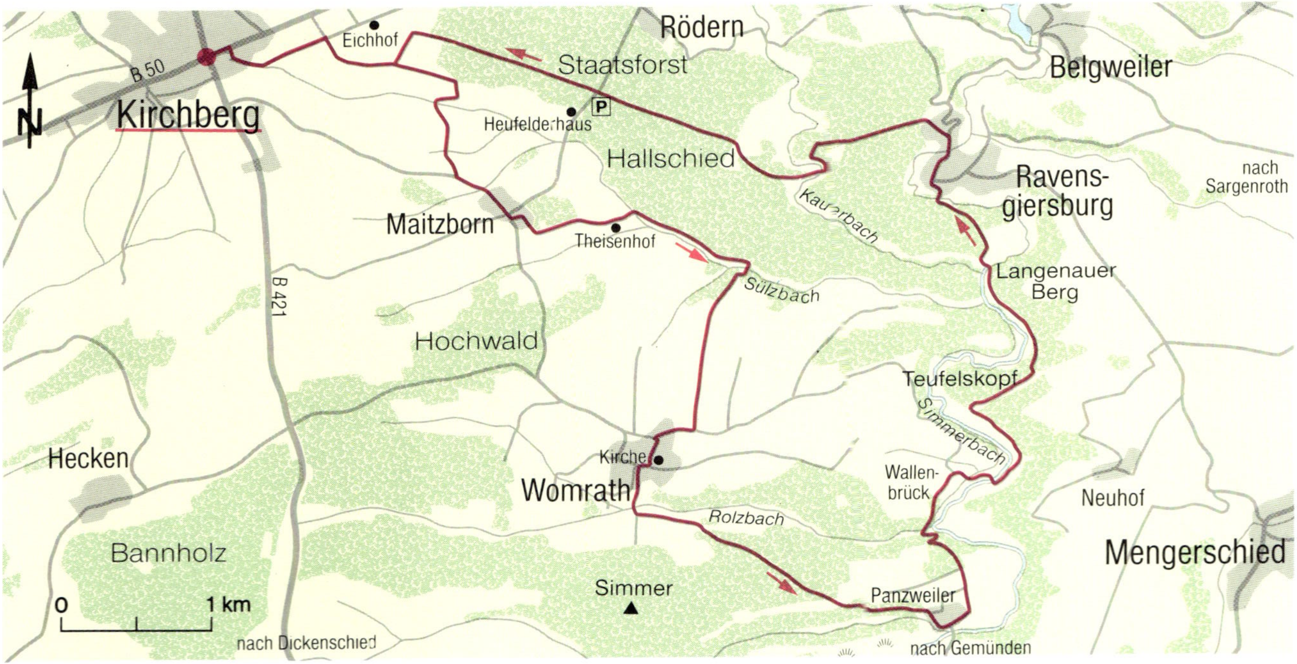
Rödern
Eichhof
Staatsforst
Belgweiler
B 50
Kirchberg
N
Heufelderhaus
P
Hallschied
nach
Sargenroth
Ravens-
giersburg
Maitzborn
Theisenhof
Kauerbach
Langenauer
Berg
Sülzbach
B 421
Hochwald
Teufelskopf
Simmerbach
Kirche
Hecken
Womrath
Wallen-
brück
Neuhof
Rolzbach
Bannholz
Mengerschied
Simmer
Panzweiler
0
1 km
nach Dickenschied
nach Gemünden

Rolzbach und nach *Panzweiler*. Hier links (⊥, XI führt rechts nach Gemünden). Wir queren den *Rolzbach* erneut bei seiner Einmündung in den Simmerbach, queren den *Simmerbach* bei *Wallenbrück* und wandern am Berghang entlang nach *Ravengiersburg*. Wir verlassen den Ort Richtung Oppertshausen, biegen kurz vor der scharfen Linkskurve gegen Ortsende links ab, queren nach etwa einem Kilometer den *Kauerbach* und wandern durch den Staatsforst Hallschied in die Flur beim Eichhof, dann auf bekanntem Weg nach *Kirchberg* zurück.

23 Dill – Römerstraße – Laufersweiler – Dill

Verkehrsmöglichkeiten B 50 bis Kirchberg und weiter über Dillendorf. Busverbindung mit Morbach und Simmern.
Parkmöglichkeiten Ortsmitte.
Wegmarkierungen Teilweise R und Weg III.
Tourenlänge 12 Kilometer.
Wanderzeit 3 Stunden.
Höhenunterschiede 120 Höhenmeter.
Wanderkarte 1:50000 Verbandsgemeinde Kirchberg.
Wissenswertes Diese Wanderung führt über ein teilweise rekonstruiertes und mit vielen Erklärungstafeln versehenes Teil-

Ausoniusstraße bei Dill (Foto: Michael Klees)

stück der *Ausoniusstraße,* der alten Römerstraße, die einst Bingen mit Trier verband. Bei der Ausoniushütte wurde ein kleiner römischer »Spielplatz« mit Deltaspiel, Rund-Mühle und Nüssekullern eingerichtet. Beim Wachtturm, einer neu aufgebauten römischen Straßenstation, wurde ein Stück der alten Römerstraße nachgepflastert.

Die evangelische Dorfkirche in *Dill* (1701) birgt wertvolle Gemälde von Johann Georg Engisch. Auf dem Burghügel des kleinen Ortes ragt ein mächtiger Wohnturm aus dem 14. Jahrhundert empor, Rest der bereits 1107 erwähnten Burg der Herren von Dill. Sie wurde 1697 durch die Franzosen zerstört.

In *Lauferweiler* wurden viele Bauten hervorragend restauriert, darunter die einstige Turn-und-Taxis-Poststation (1786), das Rathaus (1789) und die ehemalige Synagoge von 1911.

Tourenbeschreibung Schräg gegenüber der *Bushaltestelle* von *Dill* führt ein Weg in die Flur (unmarkiert) und erreicht einen *Hof.* Hier links und bergauf. Wir halten auf den links vor uns liegenden Wachtturm zu, erreichen die *Römerstraße* nahe der zur Rechten liegenden *Ausoniushütte* und folgen der Straße nach links (R). Wir passieren den *Wachtturm,* queren die Ver-

Römischer Wachtturm bei Dill (Foto: Michael Klees)

kehrsstraße Dill – Niedersohren, passieren nach etwa drei Kilometern die *Augustahütte* und queren die Verkehrsstraße Laufersweiler – Büchenbeuren. Nach weiteren 500 Metern biegen wir links ab (unmarkiert). Bei nächster Möglichkeit (in der Linkskurve) biegen wir rechts in einen schmalen Weg ein. Durch ein Waldstück zur Flur. Hier rechts und bald links und zum sichtbar vor uns liegenden *Laufersweiler.* Über den *Flakweg* in den Ort, durch die *Kirchgasse,* links in die *Durchfahrtsstraße* (Weg III), gleich rechts in den Weg *Oberer Anspann,* vor dem *Bauernhof* links hinauf und in Höhe vom Lindenhof rechts in den asphaltierten Wirtschaftsweg. Im Linksbogen zur Kreuzung bei der Waldecke. Weiter geradeaus, dann auf dem breiten Weg nach rechts in den Wald. Bei einer kleinen Waldwiese links zu Tal, bald am Waldrand entlang, dann durch die Flur zur Verkehrsstraße und ihr talwärts folgend nach *Dill.*

24 Geologischer Lehrpfad Gemünden

Verkehrsmöglichkeiten A 61 Ausfahrt Rheinböllen, B 50 bis Simmern und weiter auf der Landstraße nach Gemünden. Busverbindung mit Simmern, Kirchberg und Kirn.
Parkmöglichkeiten Im Ort.
Wegmarkierungen Stationen des Lehrpfades.
Tourenlänge 5 Kilometer.
Wanderzeit 2 Stunden.
Höhenunterschiede 80 Höhenmeter.
Wanderkarte 1:50000 Der Soonwald.
Wissenswertes *Gemünden* wird gerne als »Perle des Hunsrücks« bezeichnet. Über den vielen Fachwerkhäusern der kleinen Stadt herrscht der Barockbau auf dem Schloßberg. Er wurde auf den Fundamenten einer mittelalterlichen Burg erbaut. Gemünden blickt auf eine lange Tradition des Dachschieferabbaus zurück.

Der Lehrpfad zeigt uns nicht nur verschiedene typische Gesteine des Hunsrücks, er gibt auch Gelegenheit zur Besichtigung der fossilienreichen Kaisergrube. Sie wurde 1961 stillgelegt. Von einer Aussichtsplattform oberhalb der Kaisergrube blicken wir auf Gemünden und einen vermutlich mittelalterlichen Schiefertagebau, der 1969 freigelegt wurde.
Tourenbeschreibung Wir kommen aus dem Zentrum *Gemündens,* queren die *B 421* (Kirchberg – Simmertal) und folgen den

Stationen des Lehrpfades auf der rechten Seite des Simmerbachs talwärts. Der Lehrpfad beginnt in fernster erdgeschichtlicher Vergangenheit und erklärt in chronologischer Reihenfolge eine Zeitspanne von rund 400 Millionen Jahren. Etwa auf halber Strecke queren wir den *Simmerbach,* spazieren zur *Aussichtsplattform* oberhalb der Kaisergrube und wandern nach *Gemünden* zurück.

Blick auf Gemünden (Foto: Michael Klees)

25 Königsau – Koppenstein – Henau – Königsau

Verkehrsmöglichkeiten B 41 bis Simmertal und weiter auf der B 421 durch das Simmerbachtal. Busverbindung mit Gemünden und Kirn.
Parkmöglichkeiten Wanderparkplatz an der vor Königsau nach Henau abzweigenden Landstraße.
Wegmarkierungen Ohne Markierung bis Gehlweiler, dann Weg Nr. XII bis Anschluß Nr. XIV.
Tourenlänge 11 Kilometer.
Wanderzeit 3½ Stunden.
Höhenunterschiede 200 Höhenmeter.
Wanderkarte 1:50000 Der Soonwald.
Wissenswertes Ein herrlicher Höhenweg führt uns zu mächtigen Quarzitblockmeeren. Sie entstanden während der Eiszeit.

Ein weiterer Höhepunkt ist die malerische Burgruine *Koppenstein.* Sie wurde im 10. Jahrhundert als sponheimische Burg erbaut. Eine Stadtgründung mißlang wahrscheinlich wegen Wassermangel. Im Umfeld der Burg finden sich die Mauerreste der Häuser. Um 1600 zerfiel die Burg. Neben dem Bergfried steht auf dem Felsgrat der bekannte »Wackelstein«.

Tourenbeschreibung Vom *Parkplatz* entlang der Verkehrsstraße Richtung Henau. Nach etwa 250 Metern schlagen wir den links abzweigenden Wirtschaftsweg ein. Wir wandern am Hochufer des Kellenbaches und biegen bei Erreichen der Flur sofort rechts ab. Sanft bergauf. Bei folgender Möglichkeit biegen wir rechts ab, wandern etwa 150 Meter steiler bergauf, biegen dann links in einen anfangs verwachsenen Weg ein. Er verbreitert sich, quert die Felsenmassen des Naturdenkmals *Roter Stein,* läuft dann als luftiger Höhenweg durch schönen Laubwald, quert ein weiteres bemoostes Felsenmeer, zieht in eine scharfe

Für das Fernsehspiel »Heimat« verwandelte sich der Ort Woppenroth in »Schabbach«. Der Stein wurde als Requisit benutzt und steht heute in der Ortsmitte.
(Foto: Michael Klees)

Rechtskurve und trifft einen breiten Forstweg. Hier links und geradewegs durch die Flur zur Kreisstraße oberhalb von Gehlweiler. Hier rechts (XII) und stetig bergauf durch den Wald. Auf der Höhe biegen wir rechts in die von Gemünden kommende Verkehrsstraße ein und biegen beim kleinen *Rastplatz* rechts ab. Der ausgeschilderte Weg führt an einer *Übersichtstafel* vorbei zur *Burgruine Koppenstein.* Bei der *Schutzhütte* wenden wir uns links hinauf und wandern am *Aussichtsturm* und am charakteristischen *Wackelstein* vorbei. Der Weg zieht nun nach rechts und schlängelt sich als sehr schmaler Pfad bergab, zieht wieder nach links, wird breiter und erreicht eine Anhöhe vor dem Steinbruch. Hier biegen wir rechts ab. Weiter auf schmalem Pfad talwärts zu einem breiten Forstweg. Hier rechts und zum *Parkplatz* zurück.

Wir folgen nun der Verkehrsstraße Richtung Henau (XIV) und biegen in der Rechtskurve links ab. In *Henau* biegen wir rechts, bei der *Telefonzelle* links ab und gegen Ortsende rechts in die *Wiesenstraße* ein. Geradeaus durch die Flur. Unser Wanderweg führt bald links zu Tal, dann in Kurven steil hinab durch den Wald und zum *Ausgangspunkt* zurück.

26 Woppenroth – Hellkirch – Woppenrother Heide – Woppenroth

Verkehrsmöglichkeiten B 421 von Kirchberg bis Dickenschied und weiter über Rohrbach oder B 41 bis Simmertal, B 421 bis Gehlweiler und weiter über Schlierschied. Busverbindung mit Kirchberg, Gemünden und Kirn.
Parkmöglichkeiten Am Sportplatz.
Wegmarkierungen Weg Nr. 3, H, blaues Andreaskreuz.
Tourenlänge 8 Kilometer. **Wanderzeit** 3 Stunden.
Höhenunterschiede 250 Höhenmeter.
Wanderkarte 1:50000 Der Soonwald.
Wissenswertes Trotz vieler Spuren von Schieferbergbau und Landwirtschaft wirkt die Gegend unberührt und verschwiegen.

Das Dörfchen *Woppenroth* war Drehort der weltbekannten Fernsehserie »Heimat« des aus Morbach stammenden Regisseurs Edgar Reitz. Die *Woppenrother Heide* ist eine alte Wacholderheide. Sie entstand durch Weidewirtschaft (siehe Tour 42). Die einsam gelegene Ruine *Hellkirch* war im Dreißigjährigen Krieg vermutlich Wehrkirche und Fluchtort für die Bewohner der untergegangenen Weiler Blickersau und Unterau.

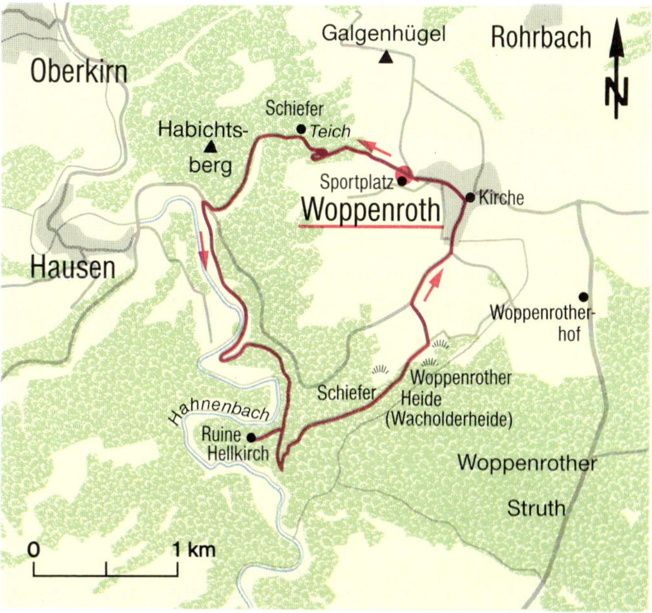

Tourenbeschreibung Wir wandern am *Sportplatz* vorbei in die Flur (Weg 3) und geradewegs in den Wald, halten uns links und folgen engen Kurven zu Tal. Der breite Weg führt an einem *Teich* und an *Schieferhalden* vorbei, folgt einem schmalen Wiesental und trifft die Verkehrsstraße. Hier rechts, nach etwa 100 Metern links (H und blaues Andreaskreuz). Der Weg folgt dem nun breiten Wiesental des *Hahnenbaches.* Hinter der scharfen Linkskurve biegen wir links ab, wandern durch den Wald bergauf und am Berghang entlang. Wenige Meter vor der scharfen Kehre eines breiten Forstweges und mehreren Abzweigungen führt ein schmaler Pfad zur *Hellkirch* auf dem nun vor uns liegenden, dicht bewaldeten Hügel.

Von der Kirche zurück, folgen wir dem erwähnten breiten Forstweg bergauf. Er zieht bald in eine scharfe Linkskurve und führt auf die Höhe zur *Schutzhütte* in der *Woppenrother Heide.* Hier treten wir ins Freie, biegen rechts ab, wandern am Rand der Wacholderheide entlang auf die Höhe, biegen links ab, treffen auf die Verkehrsstraße und folgen ihr in den Ort oder wandern über Feldwege direkt zum bereits sichtbaren *Sportplatz* zurück.

27 Bundenbach – Grube Herrenberg – Altburg – Schmidtburg – Bundenbach

Verkehrsmöglichkeiten B 41 bis Kirn und weiter auf der Landstraße Richtung Rhaunen. Busverbindung mit Idar-Oberstein, Kirn und Rhaunen.
Parkmöglichkeiten Großer Parkplatz an der Schinderhannestränke oberhalb der Besuchergrube Herrenberg. Der Weg ist ausgeschildert.
Wegmarkierungen B 1, V 2, B 3 und Wegweiser.
Tourenlänge 5 Kilometer.
Wanderzeit 2 Stunden.
Höhenunterschiede 180 Höhenmeter.
Wanderkarte 1:50000 Der Sonnwald.
Wissenswertes Nirgendwo sonst im Hunsrück zeigen sich in einem landschaftlich bezaubernden Gebiet auf engem Raum so viele beeindruckende Spuren der Erdgeschichte und jahrtausendelanger menschlicher Besiedlung. Gewiß eine der schönsten Kurzwanderungen.

Bundenbach liegt an der Hunsrück-Schiefer- und Burgenstraße. Schiefer entstand vor rund 400 Millionen Jahren. Er wurde

Schiefergrube Herrenberg bei Bundenbach (Foto: Michael Klees)

hier seit dem frühen Mittelalter abgebaut. Die *Grube Herrenberg* wurde 1964 geschlossen und ist seit 1976 Besucherbergwerk. Sie gibt Einblick in die historische Dachschiefergewinnung und zeigt versteinerte Meerestiere. Berühmte Fossilien wurden hier geborgen. Fossilienfreunde haben Gelegenheit zur Teilnahme an Präparationskursen. Nähere Auskünfte erteilt die Ortsgemeinde Bundenbach.

Die *Altburg,* eine keltische Kleinburg, wurde vom dritten bis ins erste vorchristliche Jahrhundert bewohnt. Von 1971 bis 1974 wurde sie ausgegraben und mit viel Liebe zum Detail rekonstruiert. Ihr gegenüber liegt die *Schmidtburg.* Sie wurde 1084 erstmals erwähnt und ist somit eine der ältesten Burgen des Hunsrücks, ehemals Stammburg der Emichonen, der Nahegaugrafen. Ab dem 17. Jahrhundert wurde sie dem Verfall preisgegeben. Zeitweilig hauste hier der Räuberhauptmann Schinderhannes. Die Burg wurde aufwendig rekonstruiert.

Tourenbeschreibung Vom *Parkplatz* bei der *Schinderhannestränke* folgen wir der Asphaltstraße (B 1), biegen an der Zufahrt zur Besuchergrube links ab und folgen den Wegweisern bergauf zur *Keltensiedlung Altburg.* Wir spazieren an der Pallisade vorbei zum *Haupthaus* und biegen links ab. Ein schmaler, unscheinbarer Pfad führt durch die Ginsterhecken und bald als Hohlweg bergab. Im Tal angekommen, zieht der Pfad sogleich nach rechts, wieder bergauf in den Wald und trifft die Kurve eines breiten Weges. Hier links talwärts und der scharfen Linkskurve

folgend zu einer *Brücke* hinab. Wir überschreiten den *Hahnenbach,* biegen links ab (V 2) und gleich rechts in den Wald ein. Steil bergauf. Der Weg zieht dann nach rechts und führt über den *Unteren Burggraben* hinweg in die *Schmidtburg.*

Nach der Besichtigung verlassen wir die *Schmidtburg* auf schmalem Weg. Er beginnt an den Überresten der *Kapelle* und erreicht nach einem kurzen Wegstück einen *Übersichtsplan.* Hier biegen wir rechts ab und wandern durch die *Pforte* zum *Talweg.* Hier links. An Wiesengelände entlang dem *Hahnenbach* folgend zur *Brücke* beim *Forellenhof Reinhardsmühle.* Wir überschreiten den *Hahnenbach,* wandern auf dem Asphaltweg zwischen den Häusern hindurch und biegen bei den *Forellenteichen* scharf rechts ab. Auf schmalem Pfad steil bergauf. Wir biegen rechts in den Weg B 3 ein, wandern am Berghang hoch über dem Hahnenbach, durchwandern in Schiefer gehauene *Tunnel,* überschreiten einen schmalen Zufluß des Hahnenbaches und wandern weiter am Hang entlang. Bald wieder steil bergauf. Die Schmidtburg zeigt sich in neuer Perspektive. Hinter der scharfen Linkskurve des mittlerweile breiten Weges biegen wir rechts ab (B 3) und wandern auf schmalem, steilen Pfad zum nahen *Parkplatz* zurück.

28 Hennweiler – Teufelsfels – Blickenstein – Hennweiler

Verkehrsmöglichkeiten B 41 bis Kirn und weiter über Hahnenbach. Busverbindung mit Kirn, Gemünden und Kirchberg.
Parkmöglichkeiten Wanderparkplatz am Sportplatz an der nach Kellenbach führenden Straße.
Wegmarkierungen P 1, H, blaues Andreaskreuz, P 2, P 3.
Tourenlänge 10 Kilometer. **Wanderzeit** 3 Stunden.
Höhenunterschiede 240 Höhenmeter.
Wanderkarte 1:50000 Der Soonwald.
Wissenswertes Diese Höhenwanderung führt zu herrlichen Aussichtspunkten auf dem langgestreckten Rücken des Lützelsoons.

Vom *Teufelsfels* (568 m), einem mächtigen frei emporragenden Quarzitklotz, berichtet die Legende von einer Versuchung Jesu durch den Teufel. Eine andere Geschichte erzählt, daß der Teufel den Klotz auf die Bundenbacher Kirche werfen wollte, was durch die Schlauheit der Schusterfrau vereitelt wurde. An der Nordseite des Teufelsfels können wir eine Vertiefung sehen, angeblich eine bei einer Schatzsuche verursachte Sprengung. Der Aussichtsturm wurde 1984 errichtet und schenkt ein unvergleichliches Panorama über 44 Dörfer.

Tourenbeschreibung Wir spazieren am *Sportplatz* entlang und halten uns geradeaus (P 1). Der markierte Weg zieht bald nach links. Wir passieren das *Schützenhaus,* biegen rechts ab und

Bundenbach, Keltensiedlung Altburg (Foto: Michael Klees)

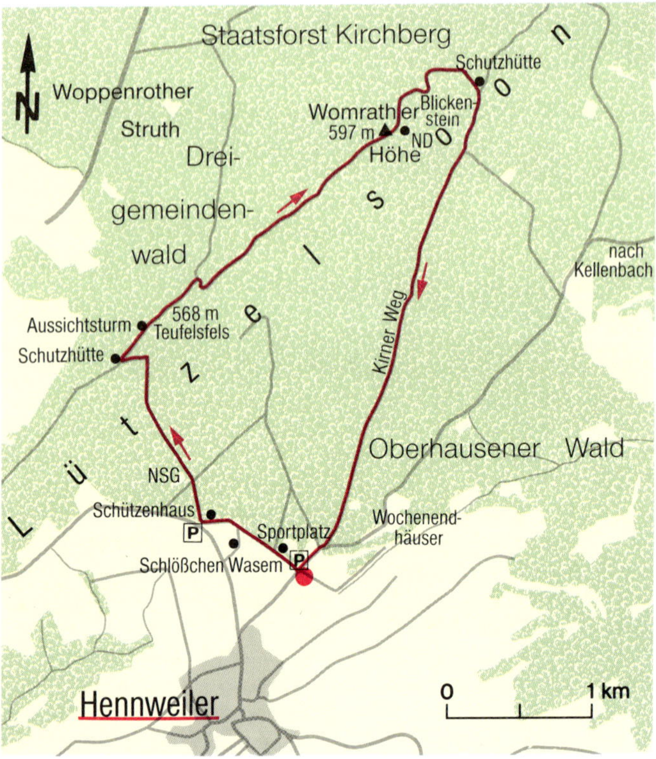

sehen bereits unser Ziel, den Aussichtsturm beim Teufelsfels. Der breite Weg führt geradeaus und bald bergauf. Wir folgen bei einer Ruhebank seiner engen Linkskurve und biegen bei der *Schutzhütte* auf der Höhe rechts ab (P 1, H und blaues Andreaskreuz).

Der folgende Weg bis zum Blickenstein ist meist sehr schmal und unscheinbar und verlangt etwas Aufmerksamkeit. Obgleich wir mehrfach abzweigen, wandern wir dennoch letztlich stets auf der Höhe bleibend in nordöstlicher Richtung.

Am *Aussichsturm* beim *Teufelsfels* vorbei, auf schmalem Pfad über die eichenbestandene Höhe, an folgender Gabelung links und bergauf, dann rechts. Der Pfad führt uns nun weiter über die Höhe und erreicht einen Querweg mit Wegweisern. Hier rechts in Kurven talwärts (H, P 1). Am folgenden Querweg mit Wegweiser links (P 2, H läuft nach rechts). Wir wandern dicht unter dem Höhenrücken am Berghang entlang und müssen ein wenig aufpassen. Bald gabelt sich der Pfad. Wir wandern dem Wegweiser folgend links bergauf, dann über die *Womrather Höhe* (597 m) zum *Blickenstein* rechts des Weges.

Weiter auf breitem Weg (P 2). Er zieht bald nach rechts, dann in einer Linkskurve ein Wegstück steil zu Tal und erreicht eine kleine *Schutzhütte*. Wir wandern an der *Hüte* vorbei talwärts (P 3) auf breitem Weg, halten uns stets geradeaus (!), treffen auf die nach Kellenbach führende Verkehrsstraße und folgen ihr nach rechts zum nahen *Parkplatz* zurück.

29 Trechtingshausen – Morgenbachtal – Trechtingshausen

Verkehrsmöglichkeiten Trechtingshausen liegt an der B 9 zwischen Bingen und Bacharach. Bahnstation der Linie Frankfurt – Koblenz. Busverbindung mit Bingen und Bacharach.
Parkmöglichkeiten Am Rheinufer nahe dem Bahnhof oder an der B 9.
Wegmarkierungen RV, R, gelbes Kreuz, rotes Andreaskreuz, rotes Quadrat, gelber Punkt.
Tourenlänge 10 Kilometer.
Wanderzeit 3 Stunden.
Höhenunterschiede 300 Höhenmeter.
Wanderkarte 1:50000 Der Rhein von Bingen bis Koblenz.
Wissenswertes Der *Morgenbach* überwindet auf seinem kurzen Lauf von nur 5 Kilometern bis zu seiner Mündung in den Rhein rund 360 Höhenmeter. Ein überwiegender Teil des idyllischen Tales wurde 1984 zum Naturschutzgebiet erklärt. 1974 wurde von den »Steckeschlääfern«, Wanderern aus Weiler, ein enges Seitental mit Holzstegen erschlossen, die *Steckeschlääferklamm*.

Burg Reichenstein oberhalb der Mündung des Morgenbaches in den Rhein wurde im 11. Jahrhundert erbaut, verfiel im 18. Jahrhundert und wurde ab 1834 als »Falkenburg« teilweise wieder aufgebaut. Seit 1899 befindet sie sich im Besitz der Barone Kirsch-Puricelli und ist wieder hergestellt. Sie beherbergt ein Schloßhotel und ein Burgmuseum.

Die *Klemenskapelle*, eine spätromanische Pfeilerbasilika, wird heute als Friedhofskirche genutzt.

Tourenbeschreibung Wir verlassen *Trechtingshausen* entlang der B 9 Richtung Bingen. Kurz vor Erreichen der Klemenskapelle biegen wir in den Weg *Am Morgenbach* ein (RV). Wir passieren die Abzweigung zu einem einzeln stehenden Haus. Der

Weg steigt zum Hochufer an, verengt sich, führt wieder nahe ans Ufer und zugleich stets bergauf. Der Morgenbach bleibt immer zu unserer Rechten. Wir passieren den über eine *Steinbrücke* abzweigenden Weg zum Gerhardshof und die Einmündung des *Aderbaches.* Zur Linken erhebt sich der Ohligsberg (311 m). Auf seiner Kuppe befindet sich ein vermutlich aus keltischer Zeit stammender Abschnittswall.

Wir wandern an einer *Schutzhütte* vorbei (neue Wegzeichen: R und gelbes Kreuz), erreichen dann nach etwa zwei Kilometern zur Rechten eine *Brücke,* biegen links in die *Steckeschlääferklamm* ein (rotes Andreaskreuz), treffen auf die Heiligkreuzstraße, folgen ihr wenige Meter nach rechts, biegen dann rechts in einen Fahrweg ein. Er führt uns am *Jägerhaus* vorbei. Nach einem kurzen Wegstück schlägt der markierte Wanderweg einen Bogen durch den Wald. Wir können gleichwohl auf dem Fahrweg bleiben, passieren das *Jagdhaus Lendershof* und halten uns am Waldrand hinter dem *Gerhardshof* rechts (rotes Andreaskreuz, rotes Quadrat.) Bald wandern wir mit herrlicher Aussicht am *Rastplatz* beim Zugang zu den Kletterfelsen vorbei und biegen in der folgenden scharfen Linkskurve rechts ab (Wegweiser: Hagelkreuz, gelber Punkt). Der schmale Pfad führt dicht unterhalb des *Hagelkreuzes* entlang und schlängelt sich steil hinab. Wir erreichen *Trechtingshausen* über den *Alten Kuhweg*.

30 Bad Kreuznach – Rotenfels – Stegfels – Bad Kreuznach

Verkehrsmöglichkeiten Bad Kreuznach liegt im Nahetal am Schnittpunkt der B 41 mit der B 48. Bahnstation der Linie Saarbrücken – Mainz. Gute Busverbindungen.
Parkmöglichkeiten Großer Parkplatz im Salinental an der von der südlichen Nahebrücke (B 48) abzweigenden Straße »Karlshalle«.
Wegmarkierungen KH 6 (Stegfelsweg).
Tourenlänge 8,5 Kilometer.
Wanderzeit 2½ Stunden.
Höhenunterschiede 250 Höhenmeter.
Wanderkarte 1:50000 Der Soonwald.
Wissenswertes Diese reizvolle Tour verläuft auf bequemen Wegen durch das Nahetal und führt auf zumeist schmalen und manchmal steilen Pfaden zu herrlichen Aussichtspunkten.

Bad Kreuznach, Brückenhäuser (Foto: Michael Klees)

Bad Münster am Stein, Blick zur Gans (Foto: Michael Klees)

Bad Kreuznach erhielt 1248 die Stadtrechte. Die Umgebung wurde bereits zur Steinzeit bewohnt, war bei den Kelten eine bedeutende Siedlung und schon zu römischer Zeit ein beliebter Kurort mit regem Badebetrieb gewesen. Die Stadt ist das älteste Radon-Solebad der Welt und ein bekanntes Behandlungszentrum für Rheumakranke. Neben einer Vielzahl bedeutender sakraler Bauwerke finden wir unter den bemerkenswerten Bürgerhäusern die berühmten Brückenhäuser aus dem 14. Jahrhundert und das Fausthaus, ein Fachwerkgebäude von 1590. Hier wohnte der historische Magier Dr. Faust, als er dereinst Lehrer in Bad Kreuznach war. Die Kauzenburg oberhalb der Stadt, um 1200 von den Grafen von Sponheim erbaut, 1689 zerstört, beherbergt ein Burgrestaurant. Der mächtige *Rotenfels* ist die höchste außeralpine Felswand Deutschlands (327 m über NN, 216 m hoch).

Bad Kreuznach ist auch ein guter Ausgangspunkt für eine kurze Wanderung zum *Rheingrafenstein* oberhalb von Bad Münster am Stein-Ebernburg. Die Wege in der Umgebung von Bad Kreuznach sind gut markiert und mit Wegweisern versehen.

Tourenbeschreibung Vom *Parkplatz* an der *Nahebrücke* wandern wir am *Naheufer* entlang durch den *Park,* erreichen am Ende der *Priegerpromenade* die *Kaiser-Wilhelm-Straße,* folgen ihr ein kurzes Stück, biegen links ab, spazieren über die *Fußgängerbrücke* zum *Hotel Quellenhof,* biegen wieder links ab, folgen dem anderen *Naheufer* auf dem *Nachtigallenweg,* biegen rechts in die B 48 ein, folgen ihr etwa 100 Meter, schlagen dann den steil bergauf führenden Pfad ein (Wegweiser: Rotenfels). Wir queren eine Verkehrsstraße. Steil bergauf. Wir halten uns rechts. Der Pfad steigt stetig an und führt dicht unter dem Höhenrücken entlang. Nun müssen wir auf die Markierung achten. Fast auf höchstem Punkt angelangt, biegen wir rechts ab (KH 6, gelbe Raute, gelber Balken), wandern auf sehr unscheinbarem Pfad zur ausgeschilderten Wegekreuzung auf der Höhe und biegen rechts ab zum aussichtsreichen *Rabenfels* (290 m). Unser Weg KH 6 biegt nun scharf links ab und führt zur Wegekreuzung beim Gasthaus *Zur Bastei.*

Geradeaus zum weit vorspringenden Aussichtspunkt *Bastei.* Weiter mit herrlicher Aussicht am steil abfallenden *Rotenfels* entlang und wieder zurück zur bekannten Wegkreuzung beim Gasthaus *Zur Bastei.* Wir biegen rechts ab, halten uns geradeaus, wandern etwa 100 Meter am Waldrand entlang, dann links in den Wald hinein und bald talwärts. Kurz vor einer Anhöhe zieht der Pfad links zu Tal, passiert einen Aussichtspunkt mit Blick auf Bad Münster am Stein-Ebernburg, zieht wieder nach links und erreicht die *Schutzhütte* beim *Stegfels.* Hier links. Wir wandern auf breitem Weg zu Tal, erreichen *Bad Kreuznach* auf dem *Forsthausweg,* biegen rechts in den *Burgweg* ein, queren

die *B 48* und betreten das *Salinental.* Vor dem ersten langgestreckten *Holzgerüst* des Sole-Gradierwerkes biegen wir links ab, überschreiten die Nahe und finden links zum *Parkplatz* zurück.

31 Monzingen – Weiler – Monzingen

Verkehrsmöglichkeiten Monzingen liegt an der B 41. Bahnstation der Linie Saarbrücken – Mainz. Busverbindung.
Parkmöglichkeiten Parkplatz an der Römerstraße Ecke Hauptstraße.
Wegmarkierungen N (Nahehöhenweg) zu Beginn, M 4 bis zum Müllersberg, W 1 bis Weiler, dann N und Wegweiser.
Tourenlänge 8 Kilometer. **Wanderzeit** 2½ Stunden.
Höhenunterschiede 220 Höhenmeter.
Wanderkarte 1:50000 Der Soonwald.
Wissenswertes Eine aussichtsreiche Wanderung über die schattenlosen Höhen westlich von *Monzingen.* Die kleine Weinstadt

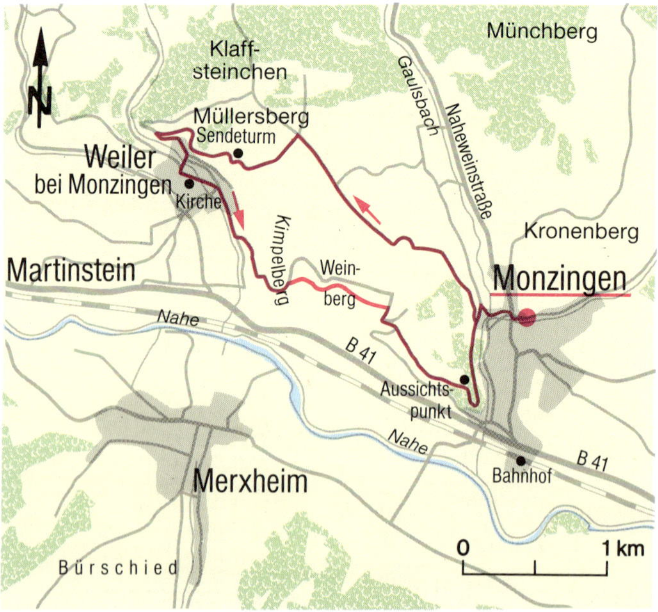

mit dem hübschen Ortsbild, eine der ältesten Siedlungen an der Nahe, wurde bereits 778 erwähnt. Das Altsche Haus (1589) zählt zu den schönsten Fachwerkhäusern Deutschlands.

Tourenbeschreibung Wir folgen der *Römerstraße* (N), queren den *Gaulsbach,* wandern bergauf und biegen an folgender Kreuzung links ab. Der anfangs asphaltierte Weg zieht in eine scharfe Rechtskurve (M 4, N läuft weiter geradeaus), führt dann geradewegs auf die Höhe zu einer Weggabelung bei einer Ruhebank. Hier rechts und über die freie Höhe zur Kreuzung vor den ersten Bäumen am *Müllersberg.* Dort links (W 1). Am kleinen *Sendeturm* vorbei und stets bergab in die Talmulde nach *Weiler.* An der *Kirche* (um 1340) vorbei zum *Marktplatz.* Hier rechts und gleich links in die *Weinheckstraße.* Geradewegs aus dem Ort und links den Weinberg hinauf (N). An folgender Gabelung rechts. Wir treffen auf eine Betonstützmauer. Rechts und bergauf zum Querweg auf der Höhe. Dann rechts und talwärts. Wir stoßen auf einen Asphaltweg und folgen ihm zu Tal. In der folgenden scharfen Rechtskurve halten wir uns geradeaus und bergauf (N führt weiter talwärts) und erreichen nach etwa 700 Metern einen *Aussichtspunkt* mit *Rastplatz.* Nun auf schmalem Pfad an *Ruhebänken* vorbei steil bergab zum *Nahehöhenweg.* Dort links und nach *Monzingen* zurück.

32 Schloß Dhaun – Simmertal – Felsengarten – Schloß Dhaun

Verkehrsmöglichkeiten B 41 bis Hochstetten, Landstraße zum Ortsteil Dhaun. Hochstetten ist Station der Bahnlinie Saarbrükken – Mainz. Busverbindung mit Dhaun.

Parkmöglichkeiten Beim Schloß.

Wegmarkierungen H 4, rotes Quadrat, S 8, N (Nahehöhenweg), Wegweiser.

Tourenlänge 10 Kilometer. **Wanderzeit** 3 Stunden.

Höhenunterschiede 350 Höhenmeter.

Wanderkarte 1:50000 Der Soonwald.

Wissenswertes Diese Wanderung führt zu herrlichen Aussichtspunkten hoch über dem Simmertal. Sie verläuft zum Teil auf schmalen, unscheinbaren und teilweise recht steilen Pfaden. Es ist trotz der guten Markierungen etwas Aufmerksamkeit und Wegsuche gefordert.

Schloß Dhaun in dem kleinen Dorf Dhaun geht auf eine im 12. Jahrhundert gegründete Burg zurück. Sie war eine bedeutende Festung der Wild- und Rheingrafen. Im 16./17. Jahrhundert wurde sie erweitert und im 18. Jahrhundert zum Barockschloß ausgebaut. Unter den mächtigen Mauern verbergen sich berüchtigte Burgverließe, die bis ins 16. Jahrhundert bei Hexenprozessen Verwendung fanden. Seit 1954 beherbergt das Schloß eine Heim-Volkshochschule.

Tourenbeschreibung Beim *Parkplatz* vor dem Schloß führt ein breiter Wirtschaftsweg zu Tal (H 4). Nach etwa 700 Metern zieht er in eine langgestreckte Linkskurve. Bald sehen wir zur Linken einen verfallenen Turm aus den Baumwipfeln ragen. Es ist der Rest von Burg Brunkenstein, einst drohende Trutzburg des Erzbischofs Balduin. Wir folgen weiter dem breiten Weg, passieren im Tal ein *Sägewerk,* überschreiten den *Simmerbach* und biegen unmittelbar vor dem *Wanderparkplatz* am Ortsrand von *Simmertal* links ab Richtung Bergmühle.

Wir folgen dem Ufer des *Simmerbaches* auf asphaltiertem Fahrweg und unterqueren die *B 421.* Vor der Gaststätte *Bergmühle* zieht der Weg nach rechts bergauf. Hier biegen wir rechts in einen sehr steilen Pfad ein (rotes Quadrat, Wegweiser: Felsengarten). Wir folgen nun den *Stationen* eines *Lehrpfades* durch seltenen Eichen-Hainbuchenwald und halten uns rechts.

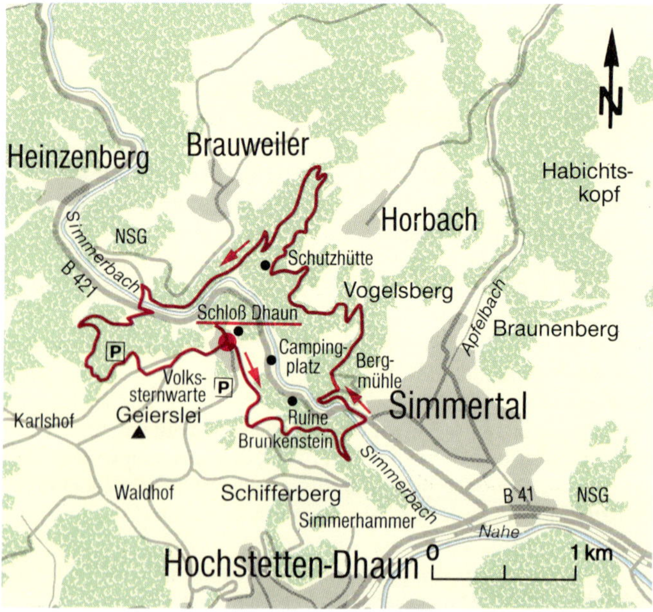

Kahler Alpendost und Kleiner Fuchs (Foto: Ulrich Schnabel)

In kurzem Zick-Zack führt der Pfad auf die Höhe zum Aussichtspunkt *Felsenköpfchen.* Hier biegen wir links ab (N). Weiter auf schmalem Pfad und wieder im Zick-Zack bergauf zur Wegekreuzung auf der Höhe. Hier links. Nun auf breitem Weg und bald in scharfer Linkskurve zu Tal. Der Wanderweg biegt etwa 50 Meter hinter der Kurve scharf rechts ab, zieht sogleich wieder nach links, biegt nach weiteren etwa 100 Metern rechts ab, führt als schmaler Pfad wieder im Zick-Zack bergauf und trifft wenig unterhalb vom Höhenrücken – hinter ihm öffnet sich die Flur – auf einen breiten Querweg mit Wegweisern. Hier links zur *Schutzhütte Falkenstein* beim *Felsengarten.*

Unser Wanderweg zieht nun nach rechts, führt ein Stück talwärts, dann wieder in die Höhe, schlängelt sich als schmaler Pfad zu einer an den Wald grenzenden Wiesenecke, führt dann als breiter Weg wieder nach links in den Wald. Wir wandern nun etwa 400 Meter recht nah an der sich zur Rechten öffnenden Flur, biegen dann links in einen sehr schmalen Pfad ein. Er führt steil bergab und trifft einen breiten Forstweg. Hier links. Zur Rechten sehen wir Brauweiler. Unser Weg zieht in eine scharfe Rechtskurve und trifft wieder einen breiten Querweg. Hier links. Wir folgen nun dem *Wiesenbach,* queren ihn, folgen dann dem *Simmerbach* und der *B 421* Richtung Heinzenberg, passieren eine *Brücke,* biegen links in die von Brauweiler kommende Verkehrsstraße ein, überschreiten den *Simmerbach,* folgen der B 421 etwa 100 Meter nach links, biegen dann rechts in einen breiten Forstweg ein. Weiter der Markierung N folgend, biegen wir bald scharf links ab und steigen in weitem Bogen zum *Wanderparkplatz* am Ortsrand von *Dhaun* hinauf, queren die Verkehrsstraße und wandern über die Straße *Zur Sternwarte* in den *Ort* und zum *Schloß* zurück.

33 Kallenfels – Schloß Wartenstein – Hennweiler – Oberhausen – Kallenfels

Verkehrsmöglichkeiten B 41 bis Kirn und weiter auf der Landstraße Richtung Rhaunen bis Kallenfels, Ortsteil von Kirn. Bahnstation der Linie Saarbrücken – Mainz. Busverbindung mit Idar-Oberstein, Gemünden, Sobernheim, Schneppenbach und über Rhaunen mit Sohren.
Parkmöglichkeiten Kleiner Parkplatz in Kallenfels an der Ekke Schloßstraße/Eulenweg.
Wegmarkierungen H (Hunsrückhöhenweg) bis Hennweiler, P 4 bis Oberhausen, dann O 1 bis Anschluß H.
Tourenlänge 9 Kilometer.
Wanderzeit 2½ Stunden.
Höhenunterschiede 270 Höhenmeter.
Wanderkarte 1:50000 Der Soonwald.
Wissenswertes *Kirn* war im Mittelalter Sitz der Emichonen, der Nahegaugrafen, später der Wild- und Rheingrafen und im 18. Jahrhundert Sitz der Reichsfürsten Salm-Kyrburg. Von der 1734 zerstörten Kyrburg sind mächtige Ruinen erhalten geblieben. Aus dem 18. Jahrhundert stammen die Reste des Lustschlosses Amalienlust und die ehemalige fürstliche Kellerei. Das ehemalige Piaristenkloster wird heute als Rathaus genutzt. In der evangelischen Kirche befinden sich Grabdenkmäler der einstigen Grafen.

Die aus drei Burgruinen bestehende Anlage *Steinkallenfels* oberhalb des Dorfes Kallenfels wurden 1158 von den Herren vom Stein gegründet und Ende des 17. Jahrhunderts zerstört.

Schloß *Wartenstein* ruht auf den Grundmauern einer Burg aus dem 14. Jahrhundert. Sie wurde 1688 zerstört, auf ihren Überresten das heutige Barockschloß aufgebaut.
Tourenbeschreibung Vom *Parkplatz* folgen wir dem Wegweiser in die *Schloßstraße* (H). Wir sehen bereits unser erstes Ziel, das in der Ferne aus dem Wald ragende Schloß Wartenstein. Nach einem kurzen Wegstück biegen wir rechts ab und wandern in den Wald hinauf. Rückblickend erkennen wir die Burganlage

auf den schroffen Felsen oberhalb des Dorfes. Über der Burg »Stock im Hane« steht die Burg »Kaldenfels«, darüber erhebt sich »Burg Stein«. Ein breiter Weg führt uns hoch über dem Tal durch den eichenbestandenen *Habichtswald* am Berghang entlang, schlägt gegen Talende in Kurven einen Bogen nach links, führt dann am jenseitigen Hang zu *Schloß Wartenstein.*

Unmittelbar vor dem *Schloß* biegen wir scharf rechts ab, halten uns dann geradeaus. Der *Hunsrückhöhenweg* führt in einer scharfen Linkskurve aus dem Wald und auf breitem Wirtschaftsweg durch die Flur nach *Hennweiler.* An der *Kirche* rechts Richtung Oberhausen (P 4). In der scharfen Linkskurve gegen Ortsende geradeaus und über Berg und Tal zum bereits sichtbaren *Oberhausen* auf der Höhe.

Wir biegen rechts in die Durchfahrtsstraße ein, spazieren an der *katholischen Pfarrkirche* vorbei (1897/98), biegen rechts in die *Kallenfelser Straße* ein und halten uns an der Gabelung am Ortsende links (O 1). Etwa 200 Meter vor den Oberhauser Felsen biegen wir links ab und treffen gleich wieder auf den *Hunsrückhöhenweg* (H). Hier rechts. Er führt bald als schmaler Pfad durch die mächtigen *Oberhauser Felsen,* läuft unterhalb des Gipfelkreuzes entlang, dann steil zu Tal und erreicht einen Wirtschaftsweg. Hier rechts zur Verkehrsstraße. An der *Burgruine* vorbei. Steil talwärts auf dem *Schützenweg*. Rechts in den *Eulenweg* und zum *Ausgangspunkt* zurück.

34 Kirn – Schloß Dhaun – St. Johannisberg – Kirn

Verkehrsmöglichkeiten Kirn liegt an der B 41 im Nahetal. Bahnstation der Linie Saarbrücken – Mainz. Busverbindung mit Idar-Oberstein, Gemünden, Sobernheim, Schneppenbach und über Rhaunen mit Sohren.
Parkmöglichkeiten Am Bahnhof.
Wegmarkierungen N bis Dhaun, H 4, H 6, H 7, K 4.
Tourenlänge 15 Kilometer.
Wanderzeit 4 Stunden.
Höhenunterschiede 500 Höhenmeter.
Wanderkarte 1:50000 Der Soonwald.
Wissenswertes Durch dichten Wald und über freie Höhen wandern wir auf bequemen Wegen zum *Schloß Dhaun*. Den Ortsrand von Hochstetten erreichen wir auf dem schön gestalteten *Geologischen Lehrpfad* der Gemeinde. Er erzählt die erdgeschichtliche Entwicklung des Kirner Landes und zeigt typische Gesteine. *St. Johannisberg*, die ehemalige Stiftskirche der Wildgrafen, birgt Grabdenkmäler der Wild- und Rheingrafen aus

Kirn, Rathaus mit Marktplatz (Foto: Stadtverwaltung Kirn)

dem 14.–18. Jahrhundert. Ab St. Johannisberg wird das Gelände schwierig. Es ist etwas Wegsuche und Aufmerksamkeit gefordert. – *Schloß Dhaun* siehe Tour 32, *Kirn* siehe Tour 33.

Tourenbeschreibung In Höhe vom *Bahnhof* führt der *Halmer Weg* bergauf und an der *Kirche* vorbei (N). Wir biegen bald rechts ab. Der Blick schweift über Stadt, Kyrburg und Nahetal in die Ferne. Der Wanderweg zieht halb um einen *Sportplatz* herum, dann nach rechts, umgeht einen Steinbruch und führt in den Wald. An der ersten Gabelung halten wir uns links. Sanft bergauf, bei der *Karl-Storck-Eiche* an einer *Schutzhütte* vorbei, dann talwärts. Vor einer Lichtung biegen wir links in einen breiten Querweg ein, nach einem kurzen Wegstück rechts ab, wandern erst am Waldrand entlang, dann durch die Flur und biegen unmittelbar vor dem *Waldhof* links in die asphaltierte Straße ein. Auf der Höhe biegen wir rechts ab, wandern an der *Volkssternwarte* vorbei, halten uns nun rechts (N biegt links ab) und wandern durch den kleinen Ort *Dhaun* bergab zu *Schloß Dhaun.*

Beim *Parkplatz* vor dem *Schloß* führt ein breiter Wirtschaftsweg zu Tal (H 4). Am Ende seiner langgestreckten Linkskurve biegen wir rechts ab (unmarkiert), wandern nun etwa einen Kilometer durch ein Waldstück und mit schönen Fernblicken auf heckengesäumtem Weg, biegen dann scharf rechts in einen Wirtschaftsweg ein und wandern in Gegenrichtung. Auf der Höhe biegen wir scharf links in einen Asphaltweg ein (H 4, H 5) und folgen bald den *Stationen* des *Geologischen Lehrpfades* von Hochstetten-Dhaun zu Tal. Wir erreichen eine *Schutzhütte* und sehen bereits unser nächstes Ziel, die Stiftskirche St. Johannisberg. Weiter den Windungen des breiten Weges folgend erreichen wir den Stadtteil *St. Johannisberg* von *Hochstetten-Dhaun* auf der *Dhauner Straße.* Wir biegen rechts in die zu Schloß Dhaun führende Verkehrsstraße ein. Beim *Parkplatz* am *Friedhof* biegen wir links ab. Auf schmalem Pfad bergauf. Wir queren die zur Kapelle führenden Straße. Steil hinauf in den Wald (H 7). Auf der Höhe biegen wir links in einen breiten Forstweg ein, folgen ihm zu Tal und erreichen den *Itzbach* wenige Meter vor der offenen Flur.

Der links von uns liegende gewaltige Steinbruch zwingt zu etwas Wegsuche in schwer überschaubarem Gelände. Wanderer, die auf schnellstem Wege wieder Kirn erreichen wollen, gehen in die Flur, folgen dem Waldrand links haltend bergauf, wandern geradeaus in den Wald hinein, treffen unweigerlich wieder

Idar-Oberstein, Blick auf Neues Schloß (Foto: Stadtverwaltung Idar-Oberstein)

auf den *Nahehöhenweg* und folgen ihm nach links auf bereits bekannter Strecke zurück.

Wer die Wegsuche nicht scheut, biegt vor dem *Itzbach* scharf links ab, folgt dem Forstweg aber nur etwa 100 Meter, da er sonst in den Steinbruch führt. Am jenseitigen Hochufer des Baches sehen wir den in den Wald ragenden Wiesenzipfel enden. Nun queren wir nahezu weglos den schmalen *Itzbach,* steigen auf verwachsenem Pfad in den vor uns liegenden Fichtenwald hinein und treffen nach wenigen Metern auf einen Querweg. Hier rechts! Der Weg nähert sich der Flur, zieht nach links und trifft auf die Kurve eines breiten Weges. Rechts bergauf. Bald sehen wir die Wiesenecke zur Rechten durch die Bäume schimmern und biegen scharf links ab. Der Weg verengt sich und zieht in eine enge S-Kurve. Wir nähern uns dem Steinbruch wieder auf etwa 200 Meter, biegen rechts ab (K 4), queren einen zum Steinbruch führenden breiten Weg und halten uns zunächst geradeaus. Dann wandern wir in weitem Linksbogen talwärts mit schöner Aussicht am Berghang entlang. Wir erreichen *Kirn* auf der Straße *Niederberg.*

35 Idar-Oberstein – Edelsteinminen – Idar-Oberstein

Verkehrsmöglichkeiten Idar-Oberstein liegt im Nahetal am Schnittpunkt der B 41 mit der von Allenbach kommenden B 422. Die Wanderung beginnt an der Weiherschleife. Sie liegt direkt an der B 422 zwischen Idar und Tiefenstein. Bahnstation der Linie Mainz – Saarbrücken. Gute Busverbindungen.
Parkmöglichkeiten An der Weiherschleife.
Wegmarkierungen P 1, Z 1, Wegweiser, teilweise unmarkiert.
Tourenlänge 8 Kilometer.
Wanderzeit 2 Stunden.
Höhenunterschiede 190 Höhenmeter.
Wanderkarte 1:25000 Deutsche Edelsteinstraße.
Wissenswertes *Idar-Oberstein* ist europäisches Zentrum der Edelsteinbearbeitung und des Edelsteinhandels. Die rund 40000 Einwohner zählende Stadt ist Ausgangspunkt der 48 Kilometer langen Deutschen Edelsteinstraße. Sie verbindet 17 Schleiferdörfer, in denen rund 60 edelsteinverarbeitende Betriebe besucht werden können.

Im Deutschen Edelsteinmuseum im Stadtteil Idar könenn wir eine verschwenderische Zahl außergewöhnlicher Edelsteine, Mineralien und kunsthandwerklicher Erzeugnisse bestaunen. Das Heimatmuseum unterhalb der Felsenkirche im Stadtteil Oberstein präsentiert überdies Stadt- und Erdgeschichte, Tierarten und Versteinerungen der Region.

Die gothische Felsenkirche (1482–84) wurde der Sage nach als Sühneleistung für einen Brudermord erbaut. Sie birgt eine große Zahl an Kostbarkeiten, darunter ein um 1410 geschaffenes mittelalterliches Altarbild vom »Meister der Mainzer Schule« und eine Stumm-Orgel von 1756. Die Quelle in ihrem Inneren wurde vermutlich bereits von den Kelten verehrt.

Seit dem Mittelalter werden in der Umgebung von Idar-Oberstein Achate gefunden. Im Steinkaulenberg beim Stadtteil Algenrodt wurden sie bis zur Mitte des vorigen Jahrhunderts abgebaut. Der Berg ist von vielen Stollen durchzogen. Die Besuchergrube ist die einzige öffentlich zugängliche Edelsteinmine Europas.

Die Weiherschleife ist die letzte von ehemals über fünfzig Wasserschleifen am Idarbach. Hier können wir die traditionelle Bearbeitung von Edelsteinen beobachten.

Tourenbeschreibung Bei der *Weiherschleife* überschreiten wir den *Idarbach,* biegen links ab, spazieren an der *Kfz-Vertretung*

Idar-Oberstein, Museum mit Blick zur Felsenkirche
(Foto: Verkehrsverein Idar-Oberstein)

vorbei, biegen wieder links ab, queren die *Tiefensteiner Straße* (B 422), folgen ihr etwa 50 Meter nach rechts, biegen dann links ab. Ein Wegweiser gibt die Entfernung zu den Minen im Steinkaulenberg mit 1,9 Kilometern an.

Wir wandern auf weichem Weg bergauf durch den Wald, halten uns geradeaus und passieren eine Lichtung. Der Weg zieht nun nach rechts in den Wald und trifft einen breiten Querweg. Hier links und auf dem breiten Weg stets bergauf (P 1). Nach etlichen Kurven erreichen wir die Flur, wandern zum jenseitigen Waldrand und biegen links ab. In der Waldecke biegen wir rechts in einen schmalen Pfad ein (Z 1). Unser Weg führt durch den Wald, am *Eingang* der Besuchergrube vorbei, dann recht steil zu Tal.

Weiherschleife bei Idar-Oberstein (Foto: Stadtverwaltung Idar-Oberstein)

Wir passieren etliche Stollenmündungen, erreichen die Flur, halten uns links, wandern zu den *Kasernengebäuden* und folgen der zu den Minen führenden Verkehrsstraße bergauf. Sie zieht bald scharf nach rechts. In der folgenden Linkskurve biegen wir rechts ab (ohne Markierung, ein Wegweiser gibt die Entfernung nach Idar mit 1,1 km an).

Auf einem Wiesenweg, der in einen Feldweg übergeht, talwärts. Dicht an der *Umzäunung* des Kasernengeländes entlang und links hinab zum *Mackenrodter Weg.* Rechts hinab zur *Saarstraße.* Nach *Idar* hinein und die erste Möglichkeit nutzend links (Wegweiser: Fußweg Weiherschleife). Wir queren den *Idarbach.*

Bergauf in die Straße *Am Rödgesberg.* Wir halten uns geradeaus, spazieren am Waldrand entlang, erreichen einen *Spielplatz,* folgen nun ein kurzes Wegstück der Fahrstraße, biegen rechts ab und wandern auf schmalem Pfad zur *Weiherschleife* zurück.

36 Idar-Oberstein – Herborn – Wildenburg – Veitsrodt – Idar-Oberstein

Verkehrsmöglichkeiten Idar-Oberstein liegt im Nahetal am Schnittpunkt der B 41 mit der von Allenbach über Tiefenstein kommenden B 422. Die Wanderung beginnt im Ortsteil Tiefenstein an der nach Herborn abzweigenden Straße. Bahnstation der Linie Mainz – Saarbrücken. Gute Busverbindungen.
Parkmöglichkeiten Herrsteiner Straße, Ecke Hofstraße.
Wegmarkierungen H, M 1, N 2, T 3, T 1, V 1.
Tourenlänge 17 Kilometer. **Wanderzeit** 5 Stunden.
Höhenunterschiede 300 Höhenmeter.
Wanderkarte 1:25000 Deutsche Edelsteinstraße.
Wissenswertes *Idar-Oberstein* siehe Tour 35, *Wildenburg* siehe Tour 40.
Tourenbeschreibung Wir schlagen die von der *Herrsteiner Straße* abzweigende Straße *Diedesbach* ein (H), biegen links in die Straße *Aurech* ein und wandern am *Friedhof* vorbei in den Wald. Wir kreuzen mehrere Wege, passieren einen Wasserbehälter und wandern an der *Wildenburg* vorbei hinauf zum 22 Meter hohen *Aussichtsturm.* Hinter der nun folgenden Linkskurve des Pfades (hinter einem mächtigen Felsklotz) biegen wir rechts ab, steigen über Stufen bergauf und wandern auf schmalem Pfad durch dunkle Fichten. An einem kleinen *Teich* vorbei über die Höhe. Wir halten uns geradeaus und bleiben immer zur Linken des natürlichen Felsgrates.

Wir bewegen uns oberhalb der keltischen Siedlung. Ihre Mauern, fachwerkartige Holz-Stein-Konstruktionen, umgaben ein sichelförmiges, in West-Ost-Richtung ausgerichtetes Areal. Das zusammengebrochene Mauerwerk ist stark geschwunden. Es wurde leider als billiger Steinbruch genutzt.

Nach etwa 250 Metern (vom Aussichtsturm gerechnet) wandern wir am *Hexentanzplatz* vorbei, einer mutmaßlichen Kultstätte, dann queren wir die Reste der Wallkonstruktion an ihrer östlichen Spitze, wandern weiter auf schmalem auf- und absteigenden Felsenpfad und queren die Kurve eines breiten Weges. Wir halten uns weiter geradeaus und queren wieder einen brei-

N
Kempfeld
Mörschieder
Mörschied
Mörschieder Burr
646 m
NSG
Wald
664 m
Wildenburger Kopf
Aussichtsturm
Ruine Wildenburg
Wild-freigehege
Sandkopf
Hütte
Königswald
Wasser-behälter
Villa Erholung
Forsthaus Königswald
Steinernes Gästebuch
Herborn
Lindenhof
Strudthof
Kirschweiler
Auf der Lüh
B 422
Kirschweiler-mühle
Veitsrodt
Hinterberg
Idarbach
Hammesberg
Tiefenstein
Tiefenbach
Hettenrodt
Vollmersbach
Wäschertskaulen
Eichelsberg
Im Haag
Trimberg
Hettsteiner Mühle
Weiherschleife
Mackenrodt
0
1 km
IDAR-OBERSTEIN

ten Weg. Unser Pfad zieht nun leicht nach links. An folgender Gabelung halten wir uns rechts und wandern am aussichtsreichen Steilhang des *Mörschieder Burr* entlang. Bald macht uns ein Wegweiser auf einen nahen Aussichtspunkt zur Rechten aufmerksam. Wenig später führt uns das Wegzeichen H talwärts und trifft auf einen breiten Forstweg. Hier rechts. Wir wandern nun unterhalb des Steinmeeres geradewegs zu einem *Rastplatz* und biegen links ab (M 1). An der nach etwa 200 Meter folgenden Kreuzung biegen wir rechts ab (unmarkiert). Nach weiteren 1500 Metern biegen wir scharf links ab (N 2). Geradewegs durch den Wald, dann auf breitem Wirtschaftsweg durch die Flur nach *Herborn* (unmarkiert).

Aus dem *Kupferweg* kommend queren wir die Durchfahrtsstraße, folgen der Straße *Heuacker,* biegen rechts in die nach Tiefenstein führende Verkehrsstraße ein, erreichen nach einem kurzen Wegstück den Parkplatz *Steinernes Gästebuch* und biegen links ab (T 3). An der Sitzgruppe wählen wir den linken Weg. Er führt durch parkähnliches Gelände. Große Steine säumen den Weg. Sie wurden von bekannten Gästen der Deutschen Edelsteinstraße ausgewählt und beschriftet. Bald biegen wir rechts in einen asphaltierten Wirtschaftsweg ein, wandern ein kurzes Wegstück am Waldrand entlang, biegen dann links ab (T 1). Durch die Flur nach *Veitsrodt.*

Wir queren die Durchfahrtsstraße, wandern unterhalb der Kirche entlang und auf der Straße *Am Sonnenhang* in die Flur.

Idar-Oberstein, Neues Schloß (Foto: Michael Klees)

Am Waldrand links. Durch ein Waldstück. Wir halten uns geradeaus (V 1), erreichen eine Kreuzung und biegen rechts ab (unmarkiert). An der Wegdreiteilung am Waldrand wählen wir den mittleren Weg, erreichen *Tiefenstein* und über die *Tiefensteiner Straße* und die *Herrsteiner Straße* den *Ausgangspunkt.*

37 Das Steinerne Gästebuch der Deutschen Edelsteinstraße

Verkehrsmöglichkeiten B 422 bis Tiefenstein, Ortsteil von Idar-Oberstein und weiter Richtung Herrstein bis zum Parkplatz am östlichen Ortsrand von Herborn. Busse von Idar-Oberstein über Herrstein nach Herborn und von Rhaunen.
Parkmöglichkeiten Parkplatz Steinernes Gästebuch.
Wegmarkierungen T 3.
Tourenlänge 1,5 Kilometer.
Wanderzeit 30 Minuten.
Höhenunterschiede Unwesentlich.
Wanderkarte 1:25000 Deutsche Edelsteinstraße.
Wissenswertes Ein kurzer Spaziergang durch parkähnliches Gelände. Der Weg wird von großen Steinen gesäumt, die von prominenten Gästen der Deutschen Edelsteinstraße ausgewählt und beschriftet wurden.
Tourenbeschreibung Vom *Parkplatz* ausgehend erreichen wir nach wenigen Metern einen *Rastplatz* und wählen den linken

oder rechten Zweig der Gabelung. Der nicht zu verfehlende Rundweg führt durch das Wäldchen und wieder zum *Ausgangspunkt* zurück.

Herrstein (Foto: Michael Klees)

38 Herrstein – Hosenbachtal – Kupferbergwerk – Herrstein

Verkehrsmöglichkeiten Herrstein liegt etwa 11 Kilometer nördlich von Idar-Oberstein an der Deutschen Edelsteinstraße. Busverbindung mit Idar-Oberstein und Rhaunen.
Parkmöglichkeiten Wanderparkpaltz an der Richtung Niederwörresbach aus dem Ort führenden Hauptstraße.
Wegmarkierungen H (Hunsrückhöhenweg), E 2, E 3, E 1, N 1, H 2.
Tourenlänge 16 Kilometer.
Wanderzeit 5½ Stunden.
Höhenunterschiede 430 Höhenmeter.
Wanderkarte 1:25000 Deutsche Edelsteinstraße.
Wissenswertes In *Herrstein* finden wir den am besten erhaltenen historischen Ortskern aller Hunsrückgemeinden. Vorbildlich restaurierte Fachwerkhäuser, ein mächtiger Uhrturm, der Schinderhannesturm und der über den Mauern der Burgruine erbaute barocke Amtsbau, das »Schloß«, sind Zeugen einer be-

deutenden Vergangenheit. Von Juni bis Oktober finden Führungen statt. Anmeldungen nimmt die Verbandsgemeindeverwaltung in Herrstein entgegen.

In der Umgebung des *Hosenbaches* wurden bedeutende archäologische Funde geborgen. In der Nähe verlief eine Römerstraße. Ein Teilstück bei Wickenrodt ist gut erhalten (Markierung Y 1 oder Y 2).

Das *Historische Kupferbergwerk* bei Fischbach wurde Ende des 18. Jahrhunderts stillgelegt. Bereits zur Bronzezeit wurde hier Kupfer abgebaut. Die riesigen unterirdischen Hallen, die von Kupfersalzen grün und blau schimmern, sind einzigartig in

Fischbacher Kupferhütte (Foto: Heinz Wittner)

Europa. In einer nach mittelalterlichen Vorbildern rekonstruierten Kupferhütte werden alte Hüttentechniken vorgeführt.

Tourenbeschreibung Unmittelbar am kleinen *Wanderparkplatz* in der *Hauptstraße* schlagen wir den *Neuen Weg* ein (H). Er führt steil bergauf. Durch die Flur wandern wir am *Steinäckerhof* vorbei, biegen am *Lindenhof* links und gleich wieder rechts ab und wandern Richtung Etzelberg zu Tal. Der Weg zieht nach rechts, führt durch ein Waldstück, dann am Waldrand entlang ins *Hosenbachtal.* Wir überqueren den *Hosenbach,* biegen am gegenüberliegenden Waldrand rechts ab (unmarkiert) und folgen dem Lauf des *Hosenbaches* auf breitem Forstweg zur Verkehrsstraße Berschweiler – Fischbach. Links und bergauf. In der scharfen Linkskurve auf der Höhe biegen wir rechts ab (E 2, E 3). Wir spazieren durch ein Waldstück, an Wiesengelände entlang, passieren einen alten Stollenmund, wandern dann längere Zeit auf aussichtsreichem Höhenweg, erreichen einen Wegweiser, wandern etwa 100 Meter links zu Tal (E 1, E 2) und biegen dann scharf rechts ab (E 1). Steil talwärts und bald einem kleinen Bachlauf folgend. Wenn wir fast den Talgrund erreicht haben, halten wir uns links, biegen bald rechts in die Verkehrsstraße ein. Sie erreicht nach etwa 500 Metern das *Kupferbergwerk.* Nach weiteren 250 Metern biegen wir links in einen breiten Forstweg ein. Er quert den *Hosenbach,* zieht gleich nach rechts und bald steil bergauf. Nach einem Kilometer müssen wir aufpassen. Der Wanderweg führt nun bald nach links und als Wiesenweg über eine große Lichtung, zieht am gegenüberliegenden Waldrand etwa 50 Meter nach links in den Wald hinein und trifft dann Weg N 1. Ihm folgen wir nach rechts stets nahe an der Lichtung bleibend.

Die folgende Wegstrecke verlangt etwas Aufmerksamkeit, denn sie windet sich manchmal schwer erkennbar durch schwieriges Gelände. Wir treffen auf einen Querweg, folgen ihm nach rechts talwärts und passieren eine breite Abzweigung nach links. Weg N 1 zieht nun bald in eine scharfe Linkskurve. An der dann folgenden Abzweigung scharf rechts. Nun auf etwa gleicher Höhe bleibend in Kurven am Berghang entlang. Wir treten aus dem Wald, wandern nach links am Waldrand entlang bergauf über die Höhe und erreichen einen breiten Querweg mit Wegweisern. Hier links. An folgender Kreuzung rechts (unmarkiert). Durch die Flur und an folgender Gabelung links (H 2). Der breite Weg führt in Kurven zu Tal und erreicht *Herrstein* auf dem *Neuen Weg.*

39 Herrstein – Mörschied – Wildenburg – Herborn – Herrstein

Verkehrsmöglichkeiten Herrstein liegt etwa 11 Kilometer nördlich von Idar-Oberstein an der Deutschen Edelsteinstraße. Busverbindung mit Idar-Oberstein und Rhaunen.
Parkmöglichkeiten »Lindenplatz« im historischen Ortskern.
Wegmarkierungen Weißes H bis zur Abzweigung hinter dem Wasserbehälter, dann ohne durchgehende Markierung.
Tourenlänge 16 Kilometer.
Wanderzeit 4½ Stunden.
Höhenunterschiede 450 Höhenmeter.
Wanderkarte 1:25000 Deutsche Edelsteinstraße.
Wissenswertes *Herrstein* siehe Tour 38, *Wildenburg* siehe Tour 40.
Tourenbeschreibung Vom *Lindenplatz* talwärts durch die *Altstadt.* Wir durchschreiten den *Uhrturm,* biegen rechts in die Verkehrsstraße und bald links in den *Mühlenweg* ein (weißes H). Wir unterqueren die Umgehungsstraße und halten uns an der Abzweigung bei der ansteigenden Rechtskurve des Weges geradeaus. An folgender Gabelung links und auf ansteigendem, verwachsenem Weg durch ein Wäldchen, dann mit schöner Fernsicht durch die Flur nach *Mörschied.*

An der Gabelung am Ortsrand rechts zur Ortsmitte. An der *Telefonzelle* biegen wir links ab und folgen der Verkehrsstraße

Blick von der Wildenburg (Foto: Michael Klees)

Richtung Herborn. Am Ortsausgangsschild rechts. Wir halten uns geradeaus, wandern bald auf schmalem Pfad am Waldrand entlang und stoßen auf einen breiten Querweg. Hier links. Nach etwa 500 Metern rechts. Am folgenden Querweg rechts. Er zieht nach links, sanft bergauf und erreicht nach etwa 500 Metern einen Wegweiser, dem wir nach links zur *Mörschieder Burr* folgen. Bald bietet sich zur Linken ein Abstecher zu einem Aussichtspunkt an. An der folgenden Gabelung halten wir uns links, wandern oberhalb der steil abfallenden mächtigen Steinhalde der *Mörschieder Burr,* genießen herrliche Ausblicke und tauchen überraschend in dunklen Fichtenwald ein. Bald durch lichten Laubwald talwärts. Wir queren einen breiten Forstweg, wandern auf schmalem Pfad, queren bald wieder einen breiten Forstweg, wandern auf dem *Felsenpfad* Richtung Wildenburg.

Nun müssen wir auf die Markierung an den Bäumen achten. Der Pfad hält sich immer nahe am natürlichen Felsgrat zur Rechten. Wir queren die Reste der *Wallkonstruktion* der keltischen Burg an ihrer östlichen Spitze, gehen links am 22 Meter hohen Turm der *Wildenburg* vorbei und biegen am Eingang zur Burg links ab. Nach etwa 50 Metern rechts und über Stufen talwärts. Wir queren einen breiten Weg, wandern durch schönen Buchenwald, passieren einen *Wasserbehälter* und erreichen eine *Schutzhütte.* Hier links (ohne Markierung). An der nach einem Kilometer folgenden Kreuzung biegen wir halbrechts ab und wandern geradewegs zum Ortsrand von *Herborn.*

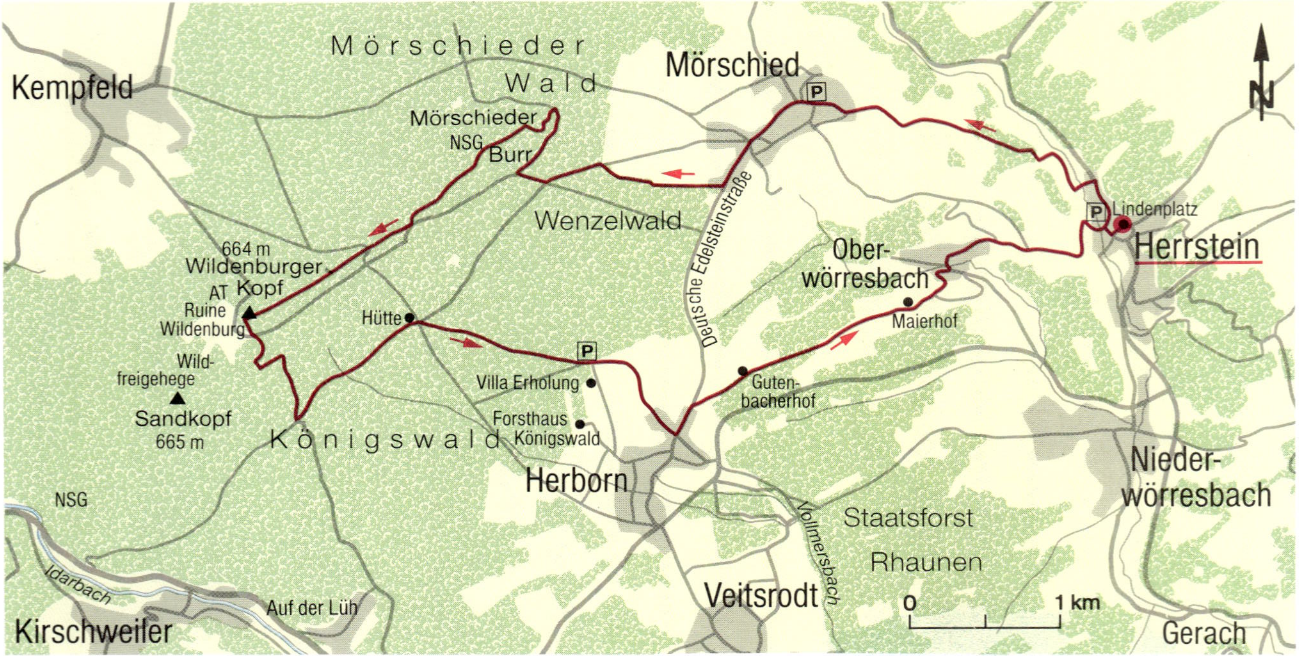
Mörschieder
Wald
Kempfeld
Mörschied
Mörschieder
NSG
Burr
Wenzelwald
Deutsche Edelsteinstraße
Lindenplatz
Herrstein
Ober-
wörresbach
Maierhof
664 m
Wildenburger
AT
Kopf
Ruine
Wildenburg
Hütte
Wild-
freigehege
Sandkopf
665 m
Villa Erholung
Forsthaus
Königswald
Gutenbacherhof
Königswald
Herborn
Nieder-
wörresbach
NSG
Staatsforst
Rhaunen
Vollmersbach
Idarbach
Auf der Lüh
Veitsrodt
0
1 km
Kirschweiler
Gerach

Wir folgen der Verkehrsstraße nach links Richtung Mörschied und biegen hinter der *Vereinshalle* rechts ab. Am *Gutenbacher Hof* und am *Maierhof* vorbei. Kurz vor dem Friedhof biegen wir vom Asphaltweg links ab, treffen in *Oberwörresbach* auf die Verkehrsstraße und folgen ihr etwa 30 Meter nach links bis zum Wegweiser. Hier rechts. An folgender Gabelung wieder rechts. Auf gut ausgeschilderterten, asphaltierten Wirtschaftswegen über die Höhe nach *Herrstein* zurück.

40 Wildenburg – Mörschieder Burr – Wildenburg

Verkehrsmöglichkeiten Von Idar-Oberstein auf der B 422 bis Katzenloch, Landstraße über Kempfeld. Busverbindung nach Kempfeld ab Idar-Oberstein, Morbach und Rhaunen.
Parkmöglichkeiten An der Wildenburg.
Wegmarkierungen H bis Anschluß Weg Nr. 3.
Tourenlänge 6 Kilometer.
Wanderzeit 2 Stunden.
Höhenunterschiede 150 Höhenmeter.
Wanderkarte 1:25000 Deutsche Edelsteinstraße.
Wissenswertes Die *Wildenburg* auf dem Wildenburger Kopf (675 m) ist Sitz und Eigentum des Hunsrückvereines. Neben gastronomischen Betrieben befindet sich hier ein 42 Hektar großes Wildgehege mit heimischen Wildarten. Auf den mittelalterlichen Grundmauern der nach dem Dreißigjährigen Krieg zerstörten Burg wurden neue Gebäude errichtet. Der Ort wird bereits seit über 2000 Jahren besiedelt. Vom dritten bis zum ersten vorchristlichen Jahrhundert befand sich hier eine keltische Festung. Eine 450 Meter lange Mauer umgab ein zwei Hektar großes Areal. Ein römisches Heiligtum und eine spätrömische Feste wurden ebenfalls nachgewiesen. Die *Mörschieder Burr* ist ein natürliches Blockmeer aus Taunusquarzit. Das Gelände steht unter Naturschutz.
Tourenbeschreibung Vom *Parkplatz* am *Wildgehege* und am Eingang zur *Wildenburg* vorbei hinauf zum 22 Meter hohen *Aussichtsturm*. Hinter der nun folgenden Linkskurve des Pfades – hinter einem mächtigen Felsklotz – biegen wir rechts ab, steigen über Stufen bergauf und wandern auf schmalem Pfad durch dunkle Fichten. An einem kleinen *Teich* vorbei über die Höhe. Wir halten uns geradeaus immer nahe am natürlichen Felsgrat zur Linken. Wir bewegen uns oberhalb der keltischen Siedlung.

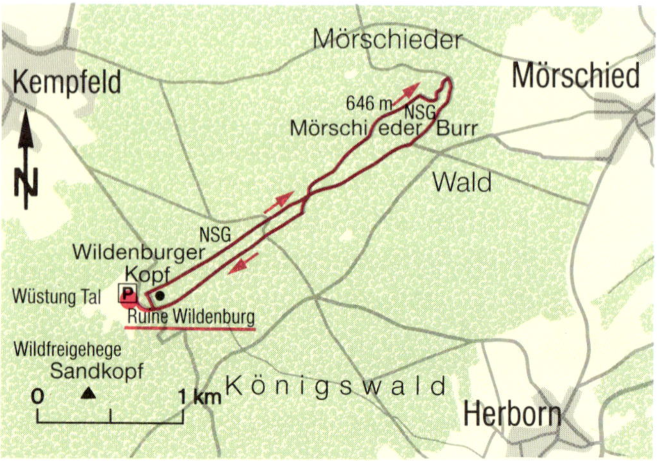

Ihre Mauern, fachwerkartige Holz-Stein-Konstruktionen, umgaben ein sichelförmiges, in West-Ost-Richtung ausgerichtetes Areal. Das zusammengestürzte Mauerwerk ist stark geschwunden. Es wurde leider als billiger Steinbruch genutzt. Nach etwa 250 Metern passieren wir den *Hexentanzplatz,* eine mutmaßliche Kultstätte, dann queren wir die Reste der Wallkonstruktion an ihrer östlichen Spitze, wandern weiter auf schmalem, auf- und absteigenden *Felsenpfad* und queren die Kurve eines Forstweges. Wir halten uns weiter geradeaus und queren wieder einen breiten Weg. Unser Pfad zieht nun leicht nach links. An folgender Gabelung halten wir uns rechts und wandern am aussichtsreichen Steilhang der *Mörschieder Burr* entlang. Bald bietet sich zur Rechten ein kurzer Abstecher zu einem *Aussichtspunkt* an. Wenig später führt uns das Wegzeichen H talwärts und trifft auf einen breiten Forstweg. Hier rechts. Wir wandern nun unterhalb des Steinmeeres entlang, geradewegs an einem *Rastplatz* vorbei und halten uns weiterhin geradeaus (W 3, H biegt nun links ab). Wo der breite Weg rechts zur nahen, bereits bekannten Kreuzung hinaufzieht, halten wir uns geradeaus, wandern dann nach etwa 100 Metern links talwärts und biegen an der folgenden unscheinbaren Kreuzung rechts ab. Wieder bergauf und bald auf schmalem Weg durch dunkle Fichten. Bald zeigt uns ein Wegweiser den Pfad zum nahen *Keltenbrunnen.* Wenig später passieren wir zur Linken die Rekonstruktion einer keltischen *Pfostenschlitzmauer.* Wir wandern nun mitten durch die alte keltische Siedlung hindurch zur nahen *Wildenburg* zurück.

Wildenburg (Foto: Michael Klees)

41 Historisches Kupferbergwerk – Hosenbachtal – Historisches Kupferbergwerk

Verkehrsmöglichkeiten B 41 bis Fischbach, Landstraße Richtung Berschweiler. Der Weg zum Kupferbergwerk ist gut ausgeschildert. Busse nach Fischbach ab Idar-Oberstein und Kirn.
Parkmöglichkeiten Beim Kupferbergwerk.
Wegmarkierungen N 1, E 2, E 3, E 1, teilweise unmarkiert.
Tourenlänge 11 Kilometer. **Wanderzeit** 3 Stunden.
Höhenunterschiede 300 Höhenmeter.
Wanderkarte 1:25 000 Deutsche Edelsteinstraße.
Wissenswertes *Kupferbergwerk Hosenbachtal* siehe Tour 38.
Tourenbeschreibung Vom *Kupferbergwerk* entlang der Verkehrsstraße Richtung Berschweiler. Nach etwa 250 Metern schlagen wir links den breiten Forstweg ein. Er quert den *Hosenbach,* zieht gleich nach rechts und bald steil bergauf. Nach einem Kilometer müssen wir aufpassen. Der Wanderweg führt nach links, dann als Wiesenweg über eine große Lichtung, zieht am gegenüberliegenden Waldrand etwa 50 Meter nach links in den Wald hinein und trifft auf den Weg N 1. Ihm folgen wir nach rechts stets nahe an der Lichtung bleibend.

Historisches Kupferbergwerk bei Fischbach (Foto: Michael Klees)

Die folgende Wegstrecke verlangt etwas Aufmerksamkeit, denn sie windet sich manchmal schwer erkennbar durch schwierig zu überschauendes Gelände.

Wir treffen auf einen Querweg, folgen ihm nach rechts zu Tal und passieren eine breite Abzweigung nach links. Weg N 1 zieht nun bald in eine scharfe Linkskurve. An der dann folgenden Abzweigung scharf rechts. Nun auf etwa gleicher Höhe bleibend in Kurven am Berghang entlang. Wir treten aus dem Wald, wandern nach links am Waldrand entlang bergauf über die Höhe und erreichen einen breiten Querweg mit Wegweisern. Hier rechts (unmarkiert) und auf breitem Forstweg zu Tal. Wir überschreiten den Hosenbach, biegen rechts in einen breiten Forstweg ein und erreichen die abknickende Verkehrsstraße Fischbach – Berschweiler. Wir biegen links ab, folgen der Verkehrsstraße bergauf und passieren einen alten *Steinbruch.* Die Straße zieht nun in eine scharfe Rechtskurve. In folgender Linkskurve auf der Höhe biegen wir rechts ab (E 2, E 3). Wir spazieren durch ein Waldstück, an Wiesengelände entlang, passieren einen alten Stollenmund, wandern dann längere Zeit auf aussichtsreichem Höhenweg, erreichen einen Wegweiser und wandern etwa 100 Meter links zu Tal (E 1, E 2). Dann biegen wir scharf rechts ab (E 1). Steil talwärts und bald einem kleinen Bachlauf folgend. Wenn wir fast den Talgrund erreicht haben, müssen wir uns links halten und stoßen auf die Verkehrsstraße. Hier rechts und zum *Kupferbergwerk* zurück.

42 Marienmühle – Wacholderheide – Krummenau – Marienmühle

Verkehrsmöglichkeiten B 327 (Hunsrückhöhenstraße) bis Hochscheid, Landstraße bis Horbruch. Die Marienmühle liegt an einem im Ort südlich abzweigenden, für den öffentlichen Verkehr freigegebenen Wirtschaftsweg. Busse nach Horbruch ab Kirchberg, Morbach, Simmern und Bernkastel-Kues.
Parkmöglichkeiten Wanderparkplatz an der Marienmühle.
Wegmarkierungen H 1, K 2, K 3, Wegweiser, ohne durchgehende Markierung.
Tourenlänge 7 Kilometer.
Wanderzeit 1½ Stunden.
Höhenunterschiede 80 Höhenmeter.
Wanderkarte 1:25000 Wandergebiet Idarwald.
Wissenswertes Die Zinngießerei in *Krummenau* ist ein beliebtes Ausflugsziel. Eine weitere Attraktion ist das Naturdenkmal *Wacholderheide.* Der Wacholder ist neben der Eibe das einzige ursprünglich im Hunsrück heimische Nadelgehölz. Er ist sehr lichtbedürftig und kann deshalb nur in schattenloser, waldfreier Umgebung gedeihen. Bis ins 19. Jahrhundert hat er sich auf

Krummenau (Foto: Heinz-Egon Rösch)

durch Rodungen entstandenen Heideflächen ausbreiten können. Mit den Aufforstungsmaßnahmen in preußischer Zeit wurde er wieder zurückgedrängt. Hinzu kam intensive Landwirtschaft, die ihn als störend empfand. Er kann nur durch ständige Beweidung – der Wacholder hat Dornen und wird vom Vieh nicht verbissen – oder durch ständige Pflege erhalten werden.

Tourenbeschreibung Wir spazieren von der *Marienmühle* zum Waldrand, biegen links ab (H 1), halten uns an der Gabelung kurz vor der *Emmerichsmühle* rechts und wandern, einmal einen kurzen Bogen durch den Wald schlagend, stets am Waldrand entlang. In der Waldecke biegen wir links, gleich wieder rechts ab und wandern auf breitem Forstweg zur Verkehrsstraße Richtung Krummenau nahe der mächtigen Kaisereiche. Hier biegen wir rechts ab, nach etwa 300 Metern links, erreichen wieder die Verkehrssraße, folgen ihr etwa 30 Meter nach links, biegen dann rechts ab (K 2). Durch dunklen Fichtenwald. An folgender Gabelung links, am Querweg rechts zu Tal. An der dann folgenden Gabelung links (unmarkiert, Wegweiser: Wacholderheide). Wir treten aus dem Wald, wandern in einer Rechtskurve an der umzäunten *Wacholderheide* entlang, passieren einen *Wasserbehälter,* treffen wieder auf den Weg K 2. Links talwärts nach *Krummenau.*

Wir überschreiten den *Idarbach,* folgen der Verkehrsstraße nach links und biegen am Ortsende links ab. Auf breitem Wirtschaftsweg durch die Wiesen zur *Heinzenmühle* (K 2, K 3). Hier rechts. Nach etwa 300 Metern biegen wir links ab (K 3 biegt rechts ab) und wandern geradewegs zur *Marienmühle* zurück.

43 Idarkopf – Römisches Quellheiligtum – Idarkopf

Verkehrsmöglichkeiten B 327 (Hunsrückhöhenstraße) bis Hochscheid, Landstraße Richtung Stipshausen.
Parkmöglichkeiten Wanderparkplatz an der nach Stipshausen führenden Straße.
Wegmarkierungen Blaues Andreaskreuz (Europäischer Fernwanderweg Atlantik – Böhmerwald) bis zum Idarkopf, dann ohne Markierung.
Tourenlänge 8 Kilometer.
Wanderzeit 2½ Stunden.
Höhenunterschiede 200 Höhenmeter.
Wanderkarte 1:25000 Wandergebiet Idarwald.
Wissenswertes Auf wenig begangenen Wegen wandern wir durch den dichten Wald rund um den *Idarkopf* (745 m). Im römischen *Quellheiligtum* im Quellgebiet des Koppelbaches wurden der römische Heilgott Apollo und die keltische Heilgöttin Sirona verehrt. Bei archäologischen Untersuchungen wurden die Grundmauern von drei Gebäuden und einem Tempel freigelegt. Teile des Mauerwerkes sind deutlich zu erkennen. Die

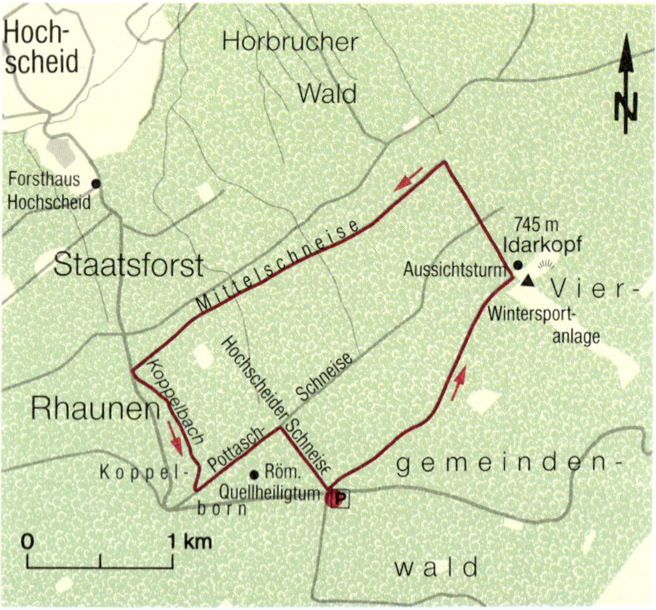

Räumlichkeiten erlaubten einen regelrechten Badebetrieb. Vom ersten bis weit ins dritte nachchristliche Jahrhundert wurde der Ort von einer großen Pilgerschar aufgesucht. Der Untergang des Tempels steht wahrscheinlich mit den Alemanneneinfällen in Zusammenhang (275 n.Chr.).
Tourenbeschreibung Wir queren die nach Stipshausen führende Straße und wandern auf breitem Weg zum *Aussichtsturm* auf dem *Idarkopf* (745 m). Unmittelbar vor dem *Turm* biegen wir links ab. Stets geradeaus auf teilweise sehr steil abfallendem Pfad. Wir kreuzen mehrere Wege, darunter den Rundweg P 2, und erreichen nach etwa einem Kilometer (vom Aussichtsturm gerechnet) einen breiten Forstweg mit Ruhebank und Wegweisern. Wir biegen links ab (Rundweg A 1, weißes Dreieck). Der markierte Weg zieht bereits nach etwa 250 Metern links bergauf. Wir bleiben jedoch geradeaus und wandern auf der *Mittelschneise* bis zur Verkehrsstraße (unmarkiert), folgen ihr etwa 50 Meter links bergauf, biegen dann links in einen Forstweg ein und überschreiten den *Koppelbach*. Unser Wanderweg folgt nun dem Lauf des *Koppelbaches* Richtung Quelle und trifft auf einen breiteren Forstweg. Ihm folgen wir etwa 50 Meter nach rechts, biegen dann links ab. Weiter bergauf. Kurz bevor wir wieder die Verkehrsstraße erreichen, biegen wir links in die breite *Pottasch-Schneise* ein. Rechts unseres Weges, dicht unterhalb der Verkehrsstraße, befindet sich das *Quellheiligtum*. Es ist nur weglos zu erreichen.

Wir folgen der Schneise etwa 500 Meter, biegen dann rechts in die schmalere *Hochscheider Schneise* ein. Sie führt uns geradewegs zum nahen *Parkplatz* zurück.

44 Das Geologische Freimuseum bei Sensweiler

Verkehrsmöglichkeiten Sensweiler liegt an der Deutschen Edelsteinstraße. B 422 bis Allenbach und weiter über Wirschweiler. Busverbindung mit Idar-Oberstein und Morbach.
Parkmöglichkeiten Im Ort.
Wegmarkierungen E 1.
Tourenlänge 2 Kilometer.
Wanderzeit ½ Stunde.
Höhenunterschiede 55 Höhenmeter.
Wanderkarte 1:25000 Deutsche Edelsteinstraße.
Wissenswertes Das *Geologische Freimuseum* besteht seit 1976

und zeigt in landschaftlich reizvoller Umgebung eine Übersicht der Gesteinsarten aus dem Landkreis Birkenfeld.

Tourenbeschreibung Kurz vor dem westlichen Orstende von *Sensweiler* führt uns ein Wegweiser auf breitem Wirtschaftsweg in ein Waldstück im Tal. Nach etwa einem Kilometer fallen eine *Sitzgruppe* und ein mächtiger *Taunusquarzit* ins Auge. Hier biegen wir rechts ab und folgen den *Stationen* des *Geologischen Freimuseums* durch ein Seitental des Idarbaches, passieren den *Krahlochweiher,* biegen rechts ab und wandern durch die Flur nach *Sensweiler* zurück.

45 Katzenloch – Sensweiler – Ringskopfwall – Kirschweiler Festung – Katzenloch

Verkehrsmöglichkeiten Der kleine Ort Katzenloch liegt an der B 422 etwa neun Kilometer nordwestlich von Idar-Oberstein. Busverbindung mit Idar-Oberstein und über Kempfeld mit Morbach oder Rhaunen.

Parkmöglichkeiten Wanderparkplatz am westlichen Ortsrand an der B 422.

Wegmarkierungen Blaues Andreaskreuz und E 7 bis Sensweiler. Mit E 1 bis Idarbachtal, dann ohne Markierung bis Anschluß Z 3, blaues Andreaskreuz und weißes H.

Landschaft im Hunsrück (Foto: Michael Klees)

Tourenlänge 12,5 Kilometer.
Wanderzeit 4½ Stunden.
Höhenunterschiede 350 Höhenmeter.
Wanderkarte 1:25000 Deutsche Edelsteinstraße.
Wissenswertes Diese abwechslungsreiche Wanderung führt auf breiten Wegen und schmalen Pfaden überwiegend durch dichten Wald, bietet aber viele überraschende Aussichtspunkte.

Zu Beginn erreichen wir die *Steinbachtalsperre,* ein großes Trinkwasser-Reservoir. Das *Geologische Freimuseum* bei Sensweiler zeigt uns eine Übersicht der Gesteinsarten aus dem Landkreis Birkenfeld. Auf dem *Ringskopf* (650 m) erleben wir eine frühkeltische Ringwallanlage (um 400 v. Chr.). Eindrucksvolle Mauerreste sind erhalten. Die Torgasse im Südosten der Anlage wurde während der 1935–36 erfolgten Ausgrabungsarbeiten freigelegt. Die bizarre *Kirschweiler Festung* auf dem Silberich (623 m) hingegen ist eine natürliche Felsbildung. Eine keltische Kultstätte wird vermutet. In fränkischer Zeit (650–1200) war hier der Versammlungsplatz des Hundertschaftgerichtes des Idarbannes. Zwischen Ringskopf und Silberich verlief die Grenze zwischen Gallia Belgia und Germania Superior.

Tourenbeschreibung Vom *Wanderparkplatz* entlang der *B 422* in den *Ort* und links in die nach Kempfeld führende Straße. Etwa 100 Meter hinter dem Ortausgangsschild biegen wir links ab und folgen dem Wegweiser Richtung Talsperre. Am *Wasserwerk* gabelt sich der Weg. Hier links. Der breite Asphaltweg windet sich bergauf in den Wald. Wir erblicken den See, biegen hinter der Höhe links ab und wandern hoch über der heraufschimmernden Talsperre. Eichen säumen den Weg auf dem windigen Höhenrücken.

In Sensweiler treffen wir auf die Durchfahrtsstraße, folgen ihr nach links Richtung Wirschweiler aus dem Ort. Kurz hinter dem Ortsausgangsschild führt ein Wirtschaftsweg halblinks in die Flur und erreicht den *Krahlochweiher.* Wir folgen den *Stationen* des *Geologischen Freimuseums* durch das Seitental des Idarbaches. Bei der letzten Station, einem mächtigen *Taunusquarzit,* biegen wir rechts in einen asphaltierten Wirtschaftsweg ein. Nach einer scharfen Rechtskurve endet der Belag. Der Weg führt über den *Idarbach* hinweg zur *B 422,* die wir links haltend queren und einen Forstweg erreichen. Ihm folgen wir bergauf. Auf der Höhe biegen wir rechts ab, treffen auf einen breiten Forstweg, folgen ihm etwa 20 Meter nach links, biegen dann rechts ab. Auf breiter Forststraße wandern wir etwa 1½ Kilometer durch dichten Wald (Z 3) bis zu einer Wegekreuzung. Hier biegen wir links ab (blaues Andreaskreuz und weißes H).

Auf der Höhe queren wir einen Forstweg, erreichen dann nach 250 Metern rechter Hand eine Sitzgruppe, biegen links ab und schlagen einen Bogen durch den dichten Wald. Ein schma-

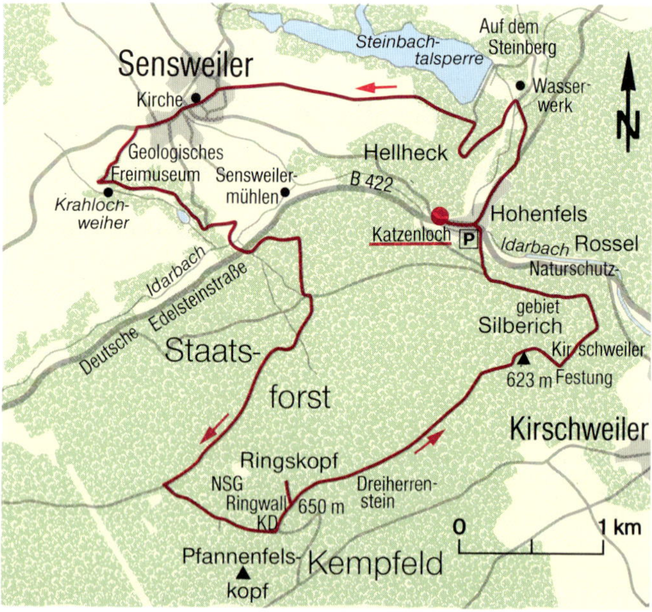

ler Weg führt uns mitten durch die *Wallanlage* auf dem *Ringskopf.* Ein Pfad zweigt links ab und führt zur Aussicht.

Von der Aussicht zurückgekehrt, folgen wir weiter dem schmalen Weg und treffen beim *Dreiherrenstein,* einem alten Grenzstein, wieder auf den bereits bekannten, breiten Wanderweg. Wir passieren einen großen *Wasserbehälter.* Geradeaus auf sich verengendem Weg. An einem *Wegweiser* zieht er nach rechts. Nun müssen wir aufpassen. Nach etwa 100 Metern biegen wir links ab (Andreaskreuz, Z 3 und weißes H). Der holprige Pfad zieht bald nach rechts und bergauf, dann nach links und hinauf zur zerklüfteten *Kirschweiler Festung.*

Wir verlassen die *Festung* in südöstlicher Richtung auf schmalem, windungsreichen Pfad (weißes H) und stoßen am Bergfuß auf einen Querweg. Ein Wegweiser gibt die Entfernung nach Katzenloch mit etwa 2 Kilometern an. Hier links und stetig talwärts bis zum Querweg bei einem Aussichtspunkt. Hier wieder links.

Beim *Fastnachtsbächel* stoßen wir auf die Kehre eines breiten Weges. Ihm folgen wir etwa 30 Meter talwärts, biegen dann rechts in einen schmalen Pfad ein. Steil talwärts erreichen wir *Katzenloch* bei der *Brücke* über den *Idarbach.*

46 Bernkastel-Kues – Wilhelmshöhe – Olymp – Burg Landshut – Bernkastel-Kues

Verkehrsmöglichkeiten A 1 Ausfahrt Wittlich und weiter auf der B 50. Busverbindung mit Trier und Traben-Trarbach. Schiffsverbindung.
Parkmöglichkeiten Bei der Moselbrücke im Stadtteil Bernkastel.
Wegmarkierungen H (Hunsrückhöhenweg) bis vor Monzelfeld, M (Moselhöhenweg) bis Bernkastel.
Tourenlänge 6,5 Kilometer.
Wanderzeit 2 Stunden.
Höhenunterschiede 350 Höhenmeter.
Wanderkarte 1:50000 Die Mosel von Bernkastel-Kues bis Koblenz.
Wissenswertes Steile Aufstiege führen zu herrlichen Aussichtspunkten hoch über dem Moseltal.

Über dem Stadtteil *Bernkastel* herrscht die Burg Landshut. Sie wurde 1693 durch Feuer zerstört. Heute beherbergt sie eine

Burggaststätte. Besondere Aufmerksamkeit verdient Bernkastels malerischer Marktplatz mit dem Renaissance-Rathaus (1608) und die frühgotische St.-Michaelis-Kirche. Im Stadtteil *Kues* am linken Moselufer wurde der Kardinal und Philosoph Nikolaus Cusanus geboren (1401–1464). Im Cusanusstift, dem von ihm gestifteten Hospital, befindet sich eine Bilbliothek mit Handschriften und astronomischen Geräten des Gelehrten und das Moselweinmuseum.

Tourenbeschreibung Wir spazieren von der *Moselbrücke* entlang der *B 53* Richtung Trier und biegen beim Hotel *Zur Post* links ab (H, M). Bergauf zum Waldrand. Dort rechts (H). Wir folgen den Stationen des *Kreuzweges* zur *St.-Anna-Kapelle,* gehen um die *Kapelle* herum, halten uns dann rechts und bergauf (H). Am Berghang entlang zu einem Querweg. Hier rechts. Der *Hunsrückhöhenweg* führt nun an einem *Wasserbehälter* und einem großen *Schieferfels* vorbei, schlängelt sich als schmaler Pfad im Zick-Zack weiter bergauf und trifft auf einen breiten Weg. Weiter bergauf. Wir passieren den Aussichtspunkt *Bismarcksruh* und treffen wieder auf einen breiten Querweg. An diesem rechts ab und zur Kreuzung beim Aussichtspunkt *Wilhelmshöhe.* Hier scharf links. Bald sehen wir zur Linken einen

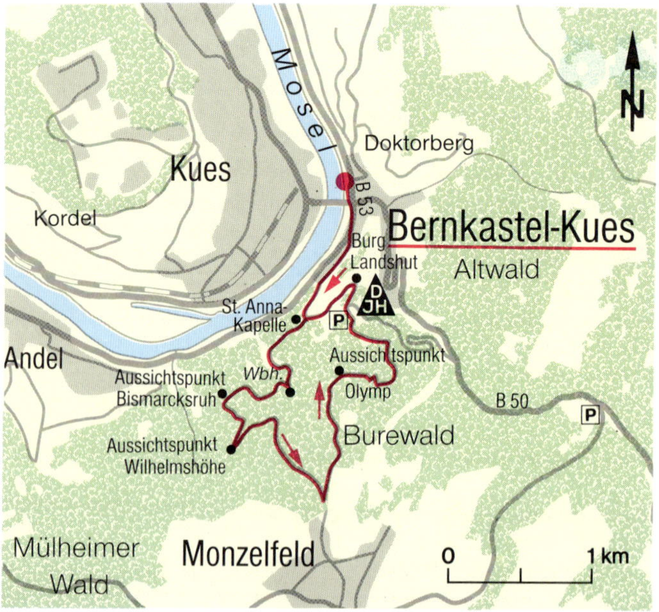

Nikolaus-von-Kues-Museum in Bernkastel-Kues (Foto: Heinz-Egon Rösch)

Sendeturm aus den Bäumen ragen, unser nächstes Ziel, der Aussichtspunkt Olymp. Kurz vor Monzelfeld treten wir aus dem Wald und biegen scharf links ab.

Wir folgen den Wegweisern und dem Wegzeichen (M) zum Aussichtspunkt *Olymp* (415 m), wandern dann steil zu Tal, queren den *Parkplatz* bei der *Jugendherberge* und wandern an der *Burg Landshut* vorbei auf der Straße *Zur Jugendherberge* durch die Rebhänge hinab nach *Bernkastel.*

47 Morbach – Hoxeler Viadukt – St. Kuno – Morbach

Verkehrsmöglichkeiten Morbach liegt am Schnittpunkt der B 327 (Hunsrückhöhenstraße) mit der von Birkenfeld kommenden B 269. Busverbindung mit Hermeskeil, Kirchheim, Idar-Oberstein, Birkenfeld, Wittlich und Bernkastel-Kues.
Parkmöglichkeiten An der Kirche.
Wegmarkierungen Weg Nr. 9 und Hinweisschilder.
Tourenlänge 19 Kilometer. **Wanderzeit** 6 Stunden.
Höhenunterschiede 370 Höhenmeter.
Wanderkarte 1:25000 Wandergebiet Morbach.
Wissenswertes Diese ausgedehnte und abwechslungsreiche Tour lädt an vielen Plätzen zum Verweilen ein. Ein ganzer Tag

sollte eingeplant werden. Wer zeitiger nach Morbach zurückkehren will, kann hinter dem Hoxeler Viadukt bereits den Rückweg antreten. Die Wanderung verkürzt sich dann auf 14 Kilometer.

Der Luftkurort *Morbach* ist Fremdenverkehrszentrum der Region und bekannt für seine lange Tradition von Bildhauern und Holzschnitzern.

Das *Hoxeler Viadukt* ist mit 42 Metern Höhe eine der höchsten Eisenbahnbrücken Deutschlands. Die Spannweite beträgt 160 Meter. 1903 wurde das Viadukt mit der Eröffnung der Eisenbahnstrecke Morbach – Hermeskeil in Betrieb genommen. Heute ist die Strecke stillgelegt. – Die Kapelle *St. Kuno* wurde vermutlich im 14. Jahrhundert zur Zeit der Hochgotik unter dem Trierer Erzbischof Kuno von Falkenstein erbaut. Sie ist der übriggebliebene Chorraum einer einstmals großen Kirche.

Tourenbeschreibung Wir verlassen *Morbach* auf der *Birkenfelder Straße* und biegen am Ortsausgang links in den *Kapellenweg*

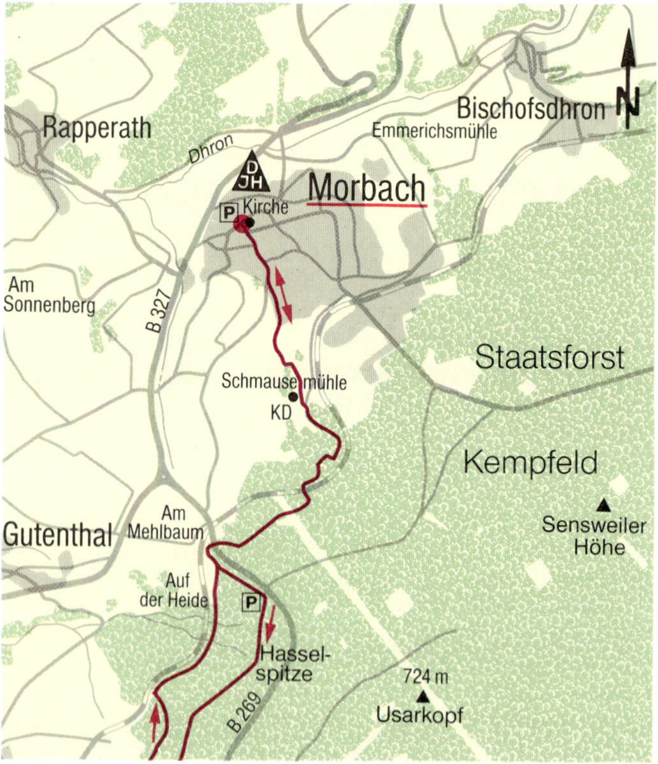

ein. Der Weg führt an der *Kapelle* vorbei. Sie birgt eine Pieta, das Werk eines Morbacher Künstlers. Der Weg führt weiter durch die Flur, zieht bald nach links und quert den *Morbach*. Oberhalb der Schmausemühle (Ölmühle) und am *Sägewerk* vorbei in den Wald. Wir treffen bei einer Ruhebank auf eine Gabelung. Hier rechts. Dann halten wir uns links, queren die *Eisenbahngleise,* folgen dem breiten Weg und queren die nach Birkenfeld führende Bundesstraße. Der markierte Weg führt nun nach links, läuft eine kurze Strecke als schmaler Pfad parallel zur Bundesstraße und trifft einen Forstweg. Hier rechts. Nach etwa 2½ Kilometern queren wir die nach Hoxel führende Straße, halten uns an der nach etwa 50 Metern kommenden Gabelung rechts, wandern etwa 1 Kilometer talwärts, stehen kurz vor einer scharfen Rechtskurve des Weges und biegen rechts ab. Am *Steinbruch* wenden wir uns links zu Tal. An folgender Gabelung rechts, wieder bergauf und an folgender Gabelung links. Somit haben wir das Steinbruchgelände umgangen.

Der schmale Waldweg folgt nun dem *Herrschenbach* und unterquert das *Hoxeler Viadukt.* Wer die Wanderung verkürzen will, biegt an der bald kommenden Weggabelung rechts ab. Ansonsten geradeaus zur Verkehrsstraße beim *Edenbruch.* Hier rechts. Bei der *Bushaltestelle* biegen wir links ab. Ein schöner

Wiesenweg führt uns stets talwärts. Wir folgen dem *Herrschenbach* und erreichen die Gaststätte *Cornelysmühle.* Dort rechts.

Die Asphaltstraße führt steil hinauf nach *Riedenburg.* Vorbei an *Kapelle, Bushaltestelle* und *Dorfbrunnen* erreichen wir in *Morscheid* die *Kapelle St. Kuno.* Wir biegen bei der *Kapelle* rechts in den Asphaltweg und gleich hinter dem letzten Haus in den Wirtschaftsweg ein. Mit herrlicher Aussicht führt uns der Weg bald steil zu Tal. Nun dürfen wir den schmalen Pfad nicht übersehen, der links steil hinauf, dann unmittelbar vor den *Eisenbahnschienen* nach links zieht. Wir spazieren über eine *Eisenbahnbrücke* und am *Sportplatz* vorbei in den Wald. Bei der ersten Abzweigung links. Wir queren beim *Forsthaus Hoxel* die Verkehrsstraße, biegen nach etwa 1 Kilometer links ab und stoßen wieder auf die *Bahnlinie.* Hier rechts. Nach einem weiteren Kilometer treffen wir auf den uns bekannten Herweg nahe der B 269. Ihm folgen wir nach *Morbach* zurück.

48 Morbach – Rapperath – Hunolstein – Gutenthal – Morbach

Verkehrsmöglichkeiten Morbach liegt am Schnittpunkt der B 327 (Hunsrückhöhenstraße) mit der von Birkenfeld kommenden B 269. Busverbindung mit Hermeskeil, Kirchberg, Idar-Oberstein, Birkenfeld, Wittlich und Bernkastel-Kues.
Parkmöglichkeiten An der Kirche oder am Ortsausgang an der Bernkasteler Straße.
Wegmarkierungen Weg Nr. 1.
Tourenlänge 18 Kilometer.
Wanderzeit 5 Stunden.
Höhenunterschiede 260 Höhenmeter.
Wanderkarte 1:25000 Wandergebiet Morbach.
Wissenswertes Der *Große Herrgott von Rapperath* ist die überlebensgroße bäuerliche Darstellung des Gekreuzigten (vermutlich 17. Jh.). Das Kunstwerk wurde aus einem einzigen Eichenstamm gefertigt. Nur die Arme wurden separat gearbeitet und seitlich angefügt. Die einsam gelegene *Kirche Walholz* existiert bereits seit 800 Jahren. Ihre jetzige Form stammt von 1760.

Morbach siehe Tour 47, *Hunolstein* siehe Tour 52.

Tourenbeschreibung Wir verlassen *Morbach* entlang der *Bernkasteler Straße,* passieren am Ortsausgang einen großen *Parkplatz,* überqueren die *Hunsrückhöhenstraße* (B 327) und biegen am Ende der *Brücke* links ab. Der Wanderweg folgt dem Lauf

Morbach
Rappenrath
Mariensäule
Hammerbrücke
„Großer Herrgott"
Gehwiese
Leisberg
Dhron
Haag
Dörrwiese
Weiperath
Am
Sonnenberg
B 327
Reinhards-
mühle
Die Wacken
Burgruine
Kirche
Hunol-
stein
Walholzer
Kirche
Dhron
Hof
auf Queckborn
Kaul
Gutenthal
Am
Mehlbaum
Staatsforst
Kempfeld
Geisenberg
Brühlbach
Hahnacker
Odert
B 327
Hunsrückhöhenstraße
Auf
der Heide
Oderter Kopf
0
1 km

der *Dhron* und trifft nach etwa einem Kilometer auf die über Rapperath nach Merscheid führende Verkehrsstraße. Wir folgen ihr ein kurzes Wegstück, biegen links ab und durchwandern *Rapperath.* Am Ortsende fallen mächtige Quarzitfelsen ins Auge, die *Rapperather Wacken.* In der Nähe stehen zwei kleine von Bäumen überschattete *Kapellen.* Die Linke birgt den *Großen Herrgott von Rapperath.* Hier überschreiten wir die *Dhron,* folgen ihrem Lauf etwa einen halben Kilometer, steigen zur *Gehwiese* hinauf und wieder ins Tal hinab. Wir passieren die *Hammerbrücke* – hier stand einst ein Eisenhammer –, überschreiten bald die *Dhron* ein zweites Mal, wandern an der *Dörrwiese* vorbei zur *Reinhardsmühle,* überschreiten wieder die *Dhron* und wandern steil bergauf nach *Hunolstein.* An der *Kirche* vorbei zur *Burgruine.*

Wir verlassen Hunolstein entlang der Verkehrsstraße Richtung Weiperath. Bei der *Kirche Walholz* biegen wir rechts ab, folgen dem *Brühlbach* am Waldrand entlang, überschreiten ihn in Höhe von *Odert,* wandern in den Ort, an der *Kapelle* vorbei und biegen links in einen Wirtschaftsweg ein. Durch die Flur erreichen wir *Gutenthal,* verlassen den Ort entlang der Verkehrsstraße Richtung Weiperath, biegen am Ortsende rechts ab und wandern mit schönen Fernblicken durch die Flur, die B 327 querend, nach *Morbach* zurück.

Ruine Hunolstein (Foto: Heinz Wittner)

Grill- und Waldspielplatz im Ortelsbruch bei Morbach (Foto: Michael Klees)

49 Bischofsdhron – Wasserburg Baldenau – Bischofsdhron

Verkehrsmöglichkeiten Bischofsdhron liegt etwa zwei Kilometer nordöstlich von Morbach. Busverbindung mit Morbach, Simmern und Bernkastel-Kues.
Parkmöglichkeiten An der Kirche beim Dorfbrunnen.
Wegmarkierungen Weg Nr. 26.
Tourenlänge 8 Kilometer. **Wanderzeit** 2 Stunden.
Höhenunterschiede 115 Höhenmeter.
Wanderkarte 1:25000 Wandergebiet Morbach.
Wissenswertes Die Pfarrkirche St. Paulinus in *Bischofsdhron* wurde 1766–1769 erbaut. Sie birgt eine bemerkenswerte barokke Innenausstattung und eine Stumm-Orgel von 1828. Die Skulptur beim Brunnen vor der Kirche (1980) zeigt den kriegerischen Kurfürst – Erzbischof Balduin. Er ließ um 1315 die *Wasserburg Baldenau* erbauen. 1958 diente sie als Kulisse für den Spielfilm »Schinderhannes« mit Maria Schell und Curd Jürgens, 1982 war sie Drehort einer Episode der Fernsehserie »Heimat« des aus Morbach stammenden Regisseurs Edgar Reitz.
Tourenbeschreibung Von der *Kirche* ausgehend folgen wir dem Wegweiser Richtung Rasenbank in die bergauf führende Gasse. Der Asphaltweg windet sich auf die Höhe und durch die Flur. Wir queren die stillgelegte *Eisenbahnstrecke*, tauchen in

den Wald, halten uns geradeaus und erreichen nach insgesamt 2½ Kilometern die *Rasenbank.* – Wir biegen links ab, biegen nach etwa 300 Metern wieder links ab, wandern talwärts, kreuzen erneut die *Eisenbahnstrecke* und erreichen eine Gabelung. Hier rechts. An der nach etwa einem Kilometer folgenden Gabelung links. An der nach weiteren 200 Metern kommenden Gabelung wieder links und auf asphaltiertem Wirtschaftsweg an der *Burgruine Baldenau* vorbei nach *Bischofsdhron.*

Ruine der Wasserburg Baldenau (Foto: Heinz Wittner)

50 Stumpfer Turm – Belginum – Stumpfer Turm

Verkehrsmöglichkeiten Der Stumpfe Turm liegt direkt an der B 327 (Hunsrückhöhenstraße) etwa sechs Kilometer nordöstlich von Morbach.
Parkmöglichkeiten Am Stumpfen Turm.
Wegmarkierungen Weg Nr. 40.
Tourenlänge 4 Kilometer.
Wanderzeit 1 Stunde.
Höhenunterschiede 80 Höhenmeter.
Wanderkarte 1:25000 Wandergebiet Morbach.
Wissenswertes Der *Stumpfe Turm,* ein mittelalterlicher Wachtturm der im Tal liegenden Wasserburg Baldenau, liegt direkt an der Hunsrückhöhenstraße. Sie verläuft hier auf der Trasse der alten Römerstraße, die einst Bingen mit Trier verband. Hier liegt unter der Ackerflur die untergegangene antike Siedlung *Belginum* und in ihrem Umfeld einer der größten Friedhöfe der keltischen Treverer verborgen. Ausgrabungsarbeiten der Archäologen brachten eine Vielzahl wichtiger Fundstücke zu Tage, darunter die prächtige »Venus von Hinzerath«, die Bronzestatuette einer Quellgöttin. Sie befindet sich im Trierer Landesmuseum.
Tourenbeschreibung Beim *Stumpfen Turm* überqueren wir vorsichtig die stark befahrene *Bundesstraße,* wandern jenseits der Leitplanke am Rande der Äcker etwa 300 Meter nach rechts Richtung Koblenz, biegen dann links in den Wirtschaftsweg ein.

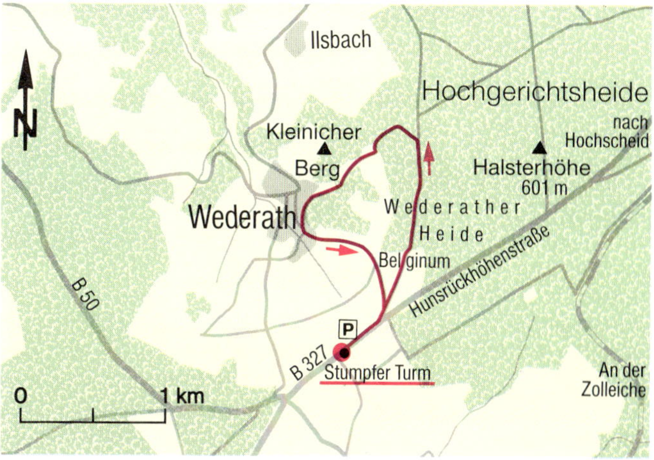

An folgender Gabelung rechts und geradewegs in den Wald. Nach etwa 700 Metern – vom Waldrand aus gerechnet – erreichen wir eine Kreuzung und biegen links ab. An der nach etwa 200 Metern folgenden Kreuzung biegen wir ebenfalls links ab. An folgender Gabelung links und nach etwa 100 Metern rechts talwärts. Nach weiteren 300 Metern halten wir uns an der Gabelung links, passieren eine *Freizeitanlage,* erreichen den Ortsrand von *Wederath,* biegen links ab, wandern auf breitem, asphaltiertem Weg bergauf und in weitem Rechtsbogen zum *Stumpfen Turm* zurück.

51 Gonzerath – Graue Ley – Römerstraße – Gonzerath

Verkehrsmöglichkeiten Gonzerath liegt sechs Kilometer nördlich von Morbach an der B 269. Busverbindung mit Morbach und Bernkastel-Kues.
Parkmöglichkeiten Im Ort.
Wegmarkierungen Weg Nr. 67, M und H.
Tourenlänge 10 Kilometer.
Wanderzeit 2½ Stunden.
Höhenunterschiede 150 Höhenmeter.
Wanderkarte 1:25000 Wandergebiet Morbach.
Wissenswertes In der nahen Umgebung des Quarzitfelsens *Graue Lei* kann man mit etwas Fantasie Steinsetzungen erkennen. Ob es sich tatsächlich um eine frühgeschichtliche Kultstätte handelt, konnte bislang nicht nachgewiesen werden. Allerdings wurden in der entfernteren Umgebung wichtige frühgeschichtliche Funde geborgen.

Die nach Elzerath führenden Verkehrsstraße verläuft zum Teil auf der Trasse der alten *Römerstraße,* die einst Bingen mit Trier verband. Nahe am Weg liegt das Quellgebiet *Heidenpütz.* Es handelt sich vermutlich um den Ort »Tabernae«, der im berühmten Gedicht »Mosella« des Römers Ausonius erwähnt wurde. Wenig oberhalb verbirgt sich im Dickicht ein römisches *Felsheiligtum,* im Volksmund »Judenkirchhof« genannt.
Tourenbeschreibung Von der Ortsmitte *Gonzeraths* entlang der Verkehrsstraße Richtung Morbach und rechts in die Straße *Zum Kendele.* An folgender Gabelung links (Weg Nr. 67). Der Wirtschaftsweg zieht in eine Linkskurve und führt geradewegs durch die Flur in den Wald. Nach insgesamt zwei Kilometern zieht der breite Weg nach links, wir aber halten uns geradeaus

und treffen nach einem kurzen Wegstück auf die Verkehrsstraße, der wir etwa 100 Meter nach rechts Richtung Elzerath folgen. Dann biegen wir links ab, wandern auf verwachsenem Weg am Rand von altem Buchenwald, treffen auf die Kurve eines breiten Querwegs und biegen rechts ab. Zur Rechten passieren wir den Felsen *Graue Ley* und treffen erneut auf die Verkehrsstraße, der wir wiederum Richtung Elzerath folgen.

Wir unterqueren eine Hochspannungsleitung. Hier liegt zur Rechten das Quellgebiet *Heidenpütz*. Nach einem weiteren Kilometer zieht der Asphaltbelag nach links Richtung Elzerath. Wir halten uns jedoch geradeaus, folgen der Trasse der *Römerstraße* noch etwa 500 Meter, biegen dann rechts ab (H und M). Nach weiteren 600 Metern unterqueren wir wieder die *Hochspannungsleitung* und stoßen bald auf einen breiten Forstweg. Hier rechts.

Wir queren die nach Gornhausen führende Verkehrsstraße und treffen an der folgenden Kreuzung wieder auf das Wegzeichen 67. Dort links. Nach etwa einem Kilometer biegen wir rechts in einen breiten Forstweg ein (H und M laufen weiter geradeaus). Er führt uns nach *Gonzerath* zurück.

52 Hunolstein – Dhrontal – Hölzbachklamm – Hunolstein

Verkehrsmöglichkeiten B 327 (Hunsrückhöhenstraße) bis etwa fünf Kilometer südöstlich von Morbach, Landstraße nach Hunolstein.
Parkmöglichkeiten Bei der Kirche oder der Burg.
Wegmarkierungen Weg Nr. 85 bis Anschluß Nr. 60.
Tourenlänge 8 Kilometer.
Wanderzeit 2½ Stunden.
Höhenunterschiede 200 Höhenmeter.
Wanderkarte 1:25 000 Wandergebiet Morbach.
Wissenswertes Die *Dhron* entspringt bei den »Zwei Steinen« im Idarwald. Bis zu ihrer Mündung in die Mosel bei Neumagen hat sie ein enges Tal gegraben, ein herrliches Wandergebiet.

Hunolstein zählt rund 300 Einwohner. Der Ort wurde erst zu Beginn des 16. Jahrhunderts gegründet. Er verdankt seinen Namen der *Burg Hunolstein.* Sie stammt aus dem 12. Jahrhundert und wird dem sagenhaften Nibelungen Hunold, Hagen von Tronjes Waffengefährten, als Wohnsitz zugeschrieben. 1522 wurde die Burg von Franz von Sickingen zerstört.
Tourenbeschreibung Von der *Kirche* entlang der Verkehrsstraße Richtung Weiperath. Am Ortsende biegen wir links ab. Nach etwa 100 Metern, noch vor Erreichen des Waldes, biegen wir rechts ab, wandern im Linksbogen zu Tal und treffen dort

Im Dhrontal (Foto: Michael Klees)

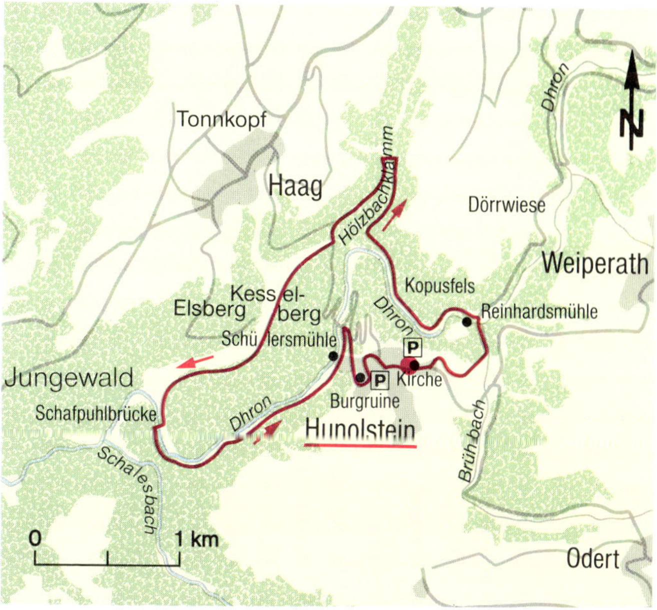

auf den schon längst in den Blick geratenen breiten Wirtschaftsweg. Ihm folgen wir nach links entlang des *Brühlbaches* bis zu dessen Mündung in dic *Dhron,* überschreiten die *Dhron,* passieren die *Reinhardsmühle* und biegen gleich links ab. Wir folgen dem *Dhrontal,* passieren den mächtigen *Kopusfels,* erreichen die Einmündung des *Hölzbaches* in die Dhron, biegen rechts ab und wandern auf schmalem Pfad durch die *Klamm.* Wasser fällt über Stufen von Schiefer, eine kühle, feuchte Heimat für allerlei Farne und Moose. Über eine kleine Brücke wechseln wir ans andere Ufer und biegen links in einen Forstweg ein. Er erreicht nach etwa 500 Metern die enge Kurve eines breiten Weges. Ihm folgen wir talwärts (unmarkiert). Er zieht bald nach links und erreicht ein langgestrecktes Wiesental. An der folgenden Gabelung biegen wir rechts ab (Weg Nr. 60), wandern am Rande des vom Kellertsbach durchflossenen Geländes zur *Schafpuhlbrücke* und überschreiten die *Dhron.* Der Wanderweg folgt nun dem anderen Ufer, passiert nach etwa 1½ Kilometern die *Schülersmühle* und erreicht wenig später eine *Brücke.* Hier biegen wir rechts ab und steigen steil zur *Burg* hinauf. Von der *Burg* bergauf in den Ort und entlang der Durchfahrtsstraße zur *Kirche.*

53 Thalfang – Hardtwaldquelle – Berglicht – Berger Wacken – Thalfang

Verkehrsmöglichkeiten A 1 Ausfahrt Reinsfeld, B 407/327 (Hunsrückhöhenstraße). Busverbindung mit Morbach, Hermeskeil und Wittlich.
Parkmöglichkeiten Hardtwaldparkplatz nördlich von Thalfang an der Straße nach Talling.
Wegmarkierungen Zu Beginn ohne Markierung, dann Th 3 bis Anschluß B 1, erneut Th 3 bis Anschluß Th 2.
Tourenlänge 9 Kilometer.
Wanderzeit 2½ Stunden.
Höhenunterschiede 225 Höhenmeter.
Wanderkarte 1:25000 Hermeskeil.
Wissenswertes Die *Hardtwaldquelle* ist ein kräftig sprudelnder Sauerbrunnen, dem bereits 1780 ein Arzt aus Thalfang heilkräf-

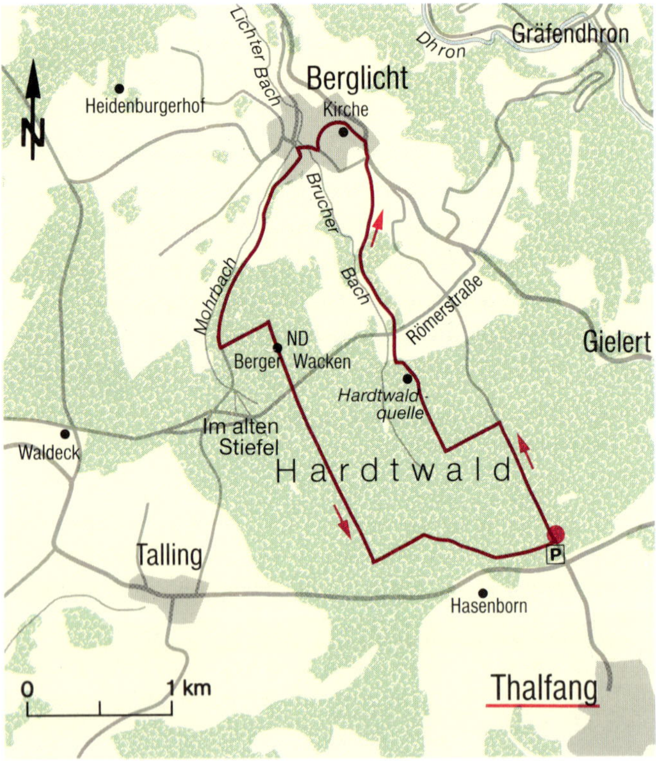

(Foto: Ulrich Schnabel)

tige Wirkung zugesprochen hat. Die katholische Pfarrkirche Mariä Geburt in *Berglicht* steht auf Resten eines römischen Gebäudes.

Tourenbeschreibung Am *Parkplatz* zeigt uns ein Wegweiser die Richtung zur Hardtwaldquelle. Auf breitem Forstweg geradeaus in den Wald. Nach etwa einem Kilometer erreichen wir eine Kreuzung und biegen links ab. Nach weiteren 500 Metern biegen wir rechts ab (Th 3), erreichen eine Gabelung, halten uns links und wandern talwärts zur nahen *Hardtwaldquelle.*

Weiter geradeaus. Wir treten aus dem Wald, halten uns rechts, überqueren eine Wiese, stoßen auf die Kurve eines breiten Weges und behalten unsere bisherige Richtung bei (B 1). Somit haben wir die hier kaum erkennbare Trasse der alten *Römerstraße* gequert. Durch Weidegelände, Felder und Wiesen erreichen wir am Ortsrand von *Berglicht* die zur B 327 führende Verkehrsstraße, folgen ihr ein Wegstück in den Ort, biegen links in die *Hauptstraße* ein, erreichen die *Kirche* und biegen links ab. Steil hinab. Im Tal rechts in den *Steinweg* und kurz vor Erreichen der Telefonzelle links in den *Tallinger Weg.* Als asphaltierter Wirtschaftsweg führt er uns stetig bergauf. Er folgt dem Lauf des rechter Hand in einiger Enternung plätschernden Mohrbaches.

Wir tauchen in Fichtenwald, passieren zur Linken einen *Wasserbehälter* und biegen dann nach etwa 200 Metern links ab Richtung Berger Wacken. Nach etwa 400 Metern, noch vor Erreichen der letztendlichen Höhe des Weges, biegen wir rechts in einen unscheinbaren Waldweg ein. Wir passieren das imposante Naturdenkmal *Berger Wacken,* ein mächtiges Quarzitriff, behalten unsere bisherige Richtung bei und queren einen breiten Forstweg (Th 3). Es ist die Trasse der alten *Römerstraße.*

Auf dem nun stetig ansteigenden Weg etwa 1200 Meter geradeaus zu einer Kreuzung mit Wegweiser und Ruhebank. Hier links (Th 2). An folgender Kreuzung rechts. Nach etwa 500 Metern biegen wir vom breiten Weg links ab und erreichen wieder den *Parkplatz.*

54 Erbeskopf – Thranenweiher – Erbeskopf

Verkehrsmöglichkeiten B 327 (Hunsrückhöhenstraße) bis Thalfang, B 422 bis zum Wanderparkplatz Hängende Birke. Von dort rechts zum nahen Parkplatz Sandkopf.
Parkmöglichkeiten Parkplatz Sandkopf.
Wegmarkierungen D 3, D 6, roter Punkt. Ab Thranenweiher unmarkiert bis Anschluß H. Abstecher zur Siegfriedquelle A und D 6.
Tourenlänge 9,5 Kilometer.
Wanderzeit 3 Stunden.
Höhenunterschiede 230 Höhenmeter.
Wanderkarte 1:25000 Hermeskeil.
Wissenswertes Höhenwanderung durch dichten Wald.

Der *Erbeskopf* (817 m) ist der höchste Berg in Rheinland-Pfalz. Vom Aussichtsturm nahe den Radaranlagen des NATO-Stützpunktes genießen wir einen großartigen Rundblick. Er wurde an der Stelle des 1961 gesprengten Kaiser-Wilhelm-Turmes errichtet.

Im Weiler *Thranenweiher* hat der regionalen Überlieferung zufolge Krimhild in Trauer um den ermordeten Siegfried ihre Tränen vergossen.

Tourenbeschreibung Vom *Parkplatz* entlang der Verkehrsstraße Richtung Erbeskopfturm (D 3). Wir biegen nach einem kur-

zen Wegstück links in einen Waldweg ein und erreichen nach etwa 400 Metern zur Rechten den Aufstieg zum *Aussichtsturm.*

Vom Aussichtsturm zurückgekehrt, folgen wir dem Wanderweg weiter in bisheriger Richtung. Er führt am Zaun des Militärgeländes entlang, geradeaus durch den hellen Laubwald und mündet in einen breiteren Weg, dem wir in bisheriger Richtung folgen. Wir stoßen auf einen breiten Forstweg. Hier links (D 3, D 6). Stetig talwärts zu einem Asphaltweg. Hier rechts (D 6). Bei einer Wegspinne weitet sich die Straße. Wir biegen links ab und wandern an der nahen *Schutzhütte* vorbei (roter Punkt).

Zuvor bietet sich ein Abstecher an: Wir biegen rechts ab (A, D 6). Nach etwa 400 Metern, in der scharfen Linkskurve des Weges, folgen wir dem links abzweigenden schmalen Weg wenige Meter und finden linker Hand die etwas versteckt liegende *Siegfriedquelle.*

Unser Rundwanderweg führt stets talwärts zum Ortsrand von *Thranenweiher,* zieht dann nach links. Wir passieren den kleinen *Waldfriedhof* und die *Teiche,* biegen am Querweg links ab und wandern auf breitem Weg bergauf durch ein Naturschutzgebiet. Es dient der Erhaltung von Quellmooren, den sogenannten Brüchen. Nach etwa einem Kilometer queren wir den breiten Weg

Aussichtsturm auf dem Erbeskopf (Foto: Michael Klees)

Casparsbruchschneise, nach weiteren 600 Metern den *Casparsweg.* Nun müssen wir aufpassen. Wir wählen den zweiten nach links abzweigenden schmalen, unscheinbaren Waldweg (nach etwa 200 Metern, Wegzeichen H) und wandern geradewegs und stetig bergauf zum *Parkplatz* zurück.

55 Forsthaus Röderbach – Singendes Tal – Röderberg – Forsthaus Röderbach

Verkehrsmöglichkeiten Von Thalfang auf der B 327 (Hunsrückhöhenstraße) Richtung Malborn. In Höhe der rechts nach Hilscheid abzweigenden Straße links zum Forsthaus.
Parkmöglichkeiten Wanderparkplatz beim Forsthaus.
Wegmarkierungen D 7, Th 7, Th 5, Tafeln des Ökopfades.
Tourenlänge 10,5 Kilometer.
Wanderzeit 3 Stunden.
Höhenunterschiede 190 Höhenmeter.
Wanderkarte 1:25 000 Hermeskeil.
Wissenswertes Der Name *Singendes Tal* kommt wahrscheinlich von aufsteigenden Winden, die beim Durchstreichen des Tals singende Geräusche verursachen. Im dichten Wald begegnen wir Überresten der untergegangenen Siedlung *Neuendorf* und einem römischen *Tempelbezirk,* in dem Fruchtbarkeitsgöttinnen und der Kriegsgott Mars verehrt wurden. Auf dem südwestlichsten Ausläufer des *Röderberges* treffen wir auf eine kleine Ringwallanlage aus keltischer Zeit. Die Strecke wurde teilweise mit Erklärungstafeln versehen. Die Wege führen entlang empfindlicher Biotope und dürfen nicht verlassen werden.
Tourenbeschreibung Vom *Parkplatz* ausgehend folgen wir dem anfangs asphaltierten Weg stetig bergauf durch das *Singende Tal* (D 7). Nach etwa einem Kilometer passieren wir zur rechten die Einmündung des *Hohltriefbaches* in den *Röderbach,* erreichen nach weiteren 2½ Kilometern eine *Orientierungstafel* und biegen scharf links ab (Th 7). Der Weg führt weiter bergauf und passiert die untergegangene Siedlung *Neuendorf* und den *Tempelbezirk.* Auf höchster Höhe biegen wir bei einer Wegekreuzung mit Ruhebank scharf links ab (Th 5). Nach etwa einem Kilometer auf verwachsenem Weg stehen wir vor dem *Ringwall.*

Unser Wanderweg zieht nun nach rechts und führt talwärts zu einer Wegekreuzung. Hier scharf links (Th 5). Wir halten uns nun geradeaus und wandern etwa anderthalb Kilometer talwärts, folgen dann der scharfen Linkskurve des Weges und hal-

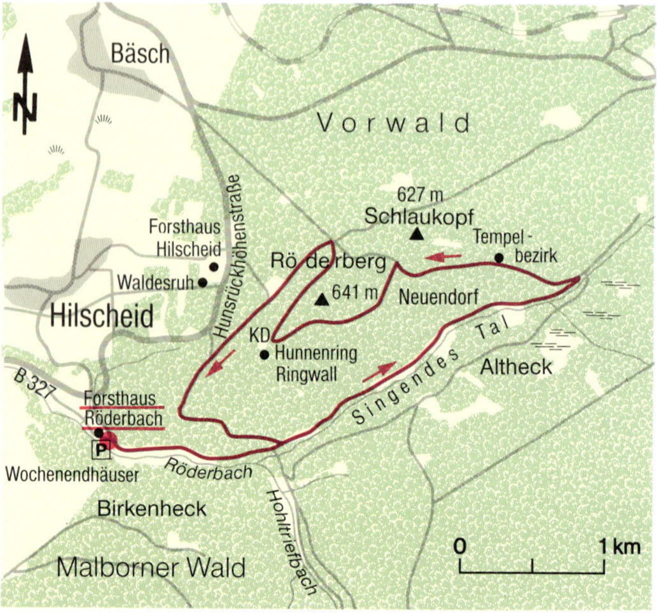

ten uns an der gleich kommenden Gabelung rechts. An der darauffolgenden Gabelung wieder rechts. Dann halten wir uns geradeaus und treffen auf den bereits bekannten breiten Talweg wenig oberhalb der Einmündung des Hohltriefbaches in den Röderbach. Hier rechts und zum *Parkplatz* zurück.

56 Hujets Sägemühle – Buhlenberg – Vorkastell – Börfink – Hujets Sägemühle

Verkehrsmöglichkeiten Der Weiler Hujets Sägemühle liegt im Trauntal etwa acht Kilometer westlich von Birkenfeld zwischen Abentheuer und Einschiederhof. Haltestelle »Abentheuer Sägewerk« der Buslinie Börfink – Idar-Oberstein – Birkenfeld.
Parkmöglichkeiten An der nördlich von Hujets Sägemühle nach Buhlenberg führenden Forststraße.
Wegmarkierungen A 7 bis Buhlenberg, weiter mit B 2 bis zum Vorkastell, ohne Markierung zum Forellenhof, dann A 6.
Tourenlänge 12,5 Kilometer. **Wanderzeit** 3½ Stunden.

Höhenunterschiede Etwa 220 Höhenmeter.
Wanderkarte 1:25000 Wandergebiet Hochwald.
Wissenswertes Das *Vorkastell* (620 m) ist eine keltische Fliehburg. Vom Wall sind noch beeindruckende Überreste erhalten. Am südlichen Abschnitt genießen wir eine herrliche Aussicht. Hier ist das Mauerwerk zu Tal gestürzt und bildet eine mächtige Steinhalde. Eine Sage erzählt, eine Prinzessin liege schlafend in einer Kutsche im Bergesinneren und warte auf ihren Erlöser. Diese Geschichte nimmt vermutlich Bezug auf den keltischen Brauch, hochgestellte Tote mitsamt einem Prunkwagen zu bestatten. Der *Gute Bure* bei Börfink wurde angeblich von einem blinden Schäfer entdeckt, dem das kühle Wasser neue Sehkraft schenkte.
Tourenbeschreibung Wir folgen der nördlich von *Hujets Sägemühle* abzweigenden breiten Forststraße Richtung Buhlenberg in den schattigen Laubwald. Nach wenigen Metern zieht sie

scharf nach rechts. Nach etwa einem Kilometer erreichen wir rechter Hand den *Rastplatz* beim Felsen Luisenruhe. Nach einem weiteren Kilometer treten wir aus dem Wald und biegen an der folgenden Kreuzung links ab. Über einen heckengesäumten Wirtschaftsweg erreichen wir wenige Minuten später den *Waldhof* am Ortsrand von *Buhlenberg.*

Wir biegen links ab und wandern auf anfangs asphaltiertem Weg zur Kreuzung beim *Waldparkplatz* oberhalb von Rinzenberg. Hier scharf links. Nach kurzem Anstieg führt uns der breite Forstweg talwärts, zieht nach rechts, führt am Holzhaus der Forstverwaltung beim *Saustäbel* vorbei, dann steil bergauf. Auf der Höhe biegen wir links in einen unscheinbaren Waldweg ein. Er erreicht nach etwa 500 Metern das *Vorkastell.* Vom südlich gelegenen Aussichtspunkt sehen wir tief unter uns im Trauntal Hujets Sägemühle. Der Blick schweift weit über die dicht bewaldeten Höhenrücken hinweg.

Wir spazieren auf dem Herweg zu unserem breiten Wanderweg zurück, folgen ihm weiter, ignorieren alle Abzweigungen und treffen am Ortsrand von *Börfink* auf einen breiten Querweg. Hier biegen wir rechts ab, biegen nach wenigen Metern wieder rechts ab und folgen dem Wegweiser Richtung »Gute Bure«. Der Weg zieht nach rechts und bergauf in den Wald. Nach einem kurzen Wegstück – wir haben die Höhe noch nicht erreicht – biegen wir rechts ab und spazieren zum bereits sichtbaren großen Holzkreuz am *Gute Bure.* Auf dem Herweg wan-

(Foto: Michael Klees)

dern wir zum Ortsrand von Börfink zurück, passieren die Einmündung des bekannten, vom Vorkastell kommenden Weges und stoßen auf die Verkehrsstraße.

Ihr folgen wir etwa 200 Meter nach links Richtung Birkenfeld, biegen rechts ab, überschreiten die *Traun,* passieren zur Rechten den *Forellenhof Trauntal,* biegen links ab, folgen dem Bachlauf und erreichen *Hujets Sägemühle* an der *Bushaltestelle* wenig unterhalb vom Parkplatz.

57 Rund um den Oberhambacher Sauerbrunnen

Verkehrsmöglichkeiten Der Sauerbrunnen liegt an der B 269 etwa fünf Kilometer nördlich von Birkenfeld. Busverbindung mit Idar-Oberstein und Birkenfeld.
Parkmöglichkeiten Am Sauerbrunnen.
Wegmarkierungen O 2 auf erstem kurzen Wegstück, dann O 3 bis Anschluß T 5 und T 7. Ab Hattgenstein T 2 bis Anschluß T 3 und Stationen des Waldlehrpfades.
Tourenlänge 10 Kilometer.
Wanderzeit 3 Stunden.
Höhenunterschiede 210 Höhenmeter.
Wanderkarte 1:25000 Wandergebiet Hochwald.
Wissenswertes Das Wasser des *Sauerbrunnens* war schon bei den Römern beliebt. Im 18. Jahrhundert stand hier ein bekanntes Kurhaus. In unmittelbarer Nähe liegt der »Ferienpark Hambachtal«. Eine besondere Attraktion ist das Erlebnisbad »Pyramide«. Beim Sauerbrunnen beginnt der Waldlehrpfad »Hambascher Fels« (2,1 km). Das Glockenhaus von *Hattgenstein,* ein schöner Fachwerkbau in der Ortsmitte, 1762 als Schulhaus erbaut, dient heute als Kirche.
Tourenbeschreibung Vom *Sauerbrunnen* zur nahen *B 269.* Wir folgen ihr etwa zwanzig Meter Richtung Birkenfeld, biegen dann rechts ab, wandern in einiger Entfernung am Zwingenbach entlang und passieren einen *Wasserbehälter.* Nun bald im Linksbogen und auf etwas verwachsenem Weg stetig sanft bergauf.

Wir stoßen auf einen breiteren Weg. Hier rechts. Wir passieren zur Linken einen kleinen *Teich* und stoßen auf einen breiten Forstweg. Hier links (O 3). An folgendem Querweg rechts und etwa anderthalb Kilometer zu einer Kreuzung. Hier rechts und etwa einen Kilometer geradeaus bis zur ersten Biegung des Weges. Hier rechts und etwa 500 Meter geradeaus zu einem Weg-

kreuz. Hier links und auf breitem Weg talwärts. Wir passieren zur Linken einen *Weiher* mit *Rastplatz,* halten uns weiter geradeaus (O 3 biegt rechts ab), queren vorsichtig die stark befahrene *Bundesstraße* und biegen nach einem kurzen Wegstück rechts ab (T 7). Nach 250 Metern links und bergauf. Wir treten aus dem Wald, wandern am Waldrand entlang, durchqueren ein Waldstück, passieren einen *Hundeplatz,* treffen am Ortsrand von *Hattgenstein* auf den *Kiefernweg* und folgen ihm nach rechts (T 2) geradewegs in den Wald.

Wir passieren einen *Sportplatz,* halten uns geradeaus und biegen an der Kreuzung, wo sich ein Fernblick öffnet, rechts ab. Talwärts wandernd erreichen wir zur Linken das Naturdenkmal *Hambacher Fels.*

Nun steil bergab auf dem *Waldlehrpfad* (T 3). Bei der *Station Waldgeschichte I* biegen wir scharf links, dann gleich wieder rechts ab. Wir treffen auf einen Weg, dem wir nach links folgen und biegen kurz hinter der *Station Douglasie* rechts ab. Auf schmalem Pfad, einem Teilstück des *Trimmpfades,* erreichen wir wieder den *Sauerbrunnen.*

58 Leisel – Jagdhaus – Heiligenbösch – Leisel

Verkehrsmöglichkeiten Von Birkenfeld oder Idar-Oberstein auf der B 41 bis Niederbrombach und weiter über Hußweiler und Wilzenberg. Busverbindung mit Idar-Oberstein und Birkenfeld.
Parkmöglichkeiten Wanderparkplatz »An der Schule« im Ortskern.
Wegmarkierungen L 4 bis Anschluß L 3.
Tourenlänge 8 Kilometer.
Wanderzeit 2½ Stunden.
Höhenunterschiede 200 Höhenmeter.
Wanderkarte 1:25000 Wandergebiet Hochwald.
Wissenswertes Die mittelalterliche Wallfahrtskirche *Heiligenbösch* steht auf den Fundamenten eines römischen Landhauses. Sie birgt kostbare Gemälde und eine Stumm-Orgel.

(Foto: Christina Garstecki)

Tourenbeschreibung Vom *Parkplatz* entlang der *Hauptstraße* Richtung Wilzenberg/Siesbach und direkt hinter der *Brücke* über den *Leiselbach* links. Ein Asphaltweg führt uns bergauf. Wir passieren den rechts zu einer Siedlung von Wochenendhäusern abzweigenden Weg und erreichen den *Sportplatz* am Waldrand. Oberhalb vom Sportgelände biegen wir links, am Ende des Sportgeländes rechts ab, wandern dann stetig bergauf und erreichen, fast auf der Höhe angelangt, eine Kreuzung. Hier rechts. Nach dann 700 Metern folgen wir der engen Linkskurve des Weges, passieren nach weiteren 500 Metern das *Jagdhaus* und stoßen auf die breite *Petersstraße.* Als Birkenfeld zum Fürstentum Oldenburg gehörte, wurde sie auf Anweisung von Großherzog Peter von Oldenburg angelegt. Wir folgen ihr etwa 200 Meter links talwärts, biegen dann links in den *Faßweg* ein. Er erreicht nach etwa 2 Kilometern eine *Schutzhütte.* Hier rechts. An folgender Abzweigung links und nach etwa 100 Metern der scharfen Linkskurve des Weges folgend talwärts. Wir passieren einen *Sportplatz,* biegen links ab und erreichen *Heiligenbösch.* Der weitere Weg ist asphaltiert. Er führt an der Friedhofsmauer entlang und nach *Leisel* zurück.

59 Horath- – Guckelstein – Harpelstein – Horath

Verkehrsmöglichkeiten B 327 (Hunsrückhöhenstraße) bis Morbach, Landstraße über Rapperath und Merscheid. Busverbindung mit Wittlich und über Thalfang mit Morbach.
Parkmöglichkeiten Am Ziehbrunnen in der Ortsmitte.
Wegmarkierungen Ho 4 bis Anschluß M und A. Im Schlußstück Ho 3.
Tourenlänge 8 Kilometer.
Wanderzeit 2½ Stunden.
Höhenunterschiede 240 Höhenmeter. Langer Steilaufstieg aus dem Dhrontal.
Wanderkarte 1:25000 Hermeskeil.
Wissenswertes Höhepunkt dieser Wanderung ist der großartige Blick vom *Harpelstein* ins Dhrontal. Dem Harpelstein ist eine kleine Wallanlage aus keltischer Zeit vorgelagert. Die Landschaft wurde bereits im siebten vorchristlichen Jahrhundert besiedelt. Sie nimmt eine herausragende Stellung hinsichtlich der vor- und frühchristlichen Forschung ein. Im Landesmuseum Trier können wertvolle Fundstücke besichtigt werden.

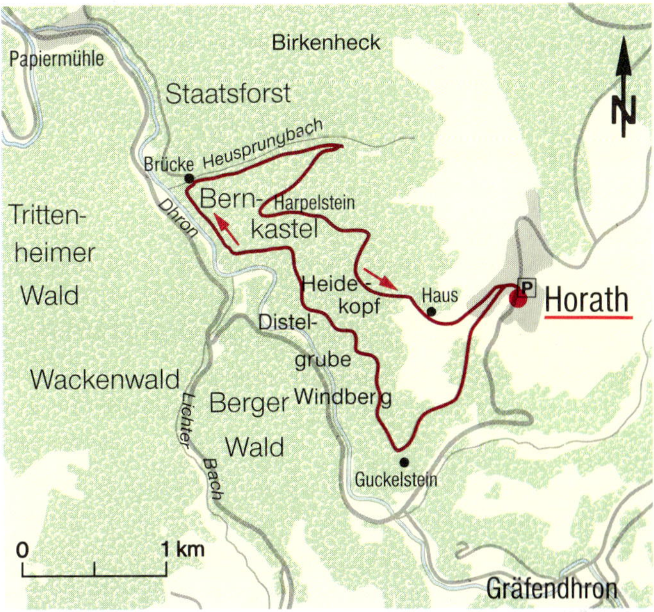

(Foto: Christina Garstecki)

Tourenbeschreibung Vom *Parkplatz* beim Ziehbrunnen auf der breiten, teilweise asphaltierten *Harpelsteinstraße* mit schönen Talblicken in den Wald. Nach etwa anderthalb Kilometern erreichen wir den *Guckelstein.* Er bietet wegen der dichten Bewaldung wenig Aussicht. Unser breiter Wanderweg zieht nun in eine scharfe Rechtskurve und führt talwärts. Nach 2½ Kilometern passieren wir eine mächtig aufragende Felswand und erreichen die *Brücke* über den *Heusprungbach* kurz vor seiner Einmündung in die Dhron.

Wir biegen vor der *Brücke* rechts ab, wandern etwa einen Kilometer sehr steil bergauf und treffen auf einen breiten Querweg. Hier rechts (M) und etwa 500 Meter bequem geradeaus. Der Weg zieht in eine Linkskurve. Nach wenigen Metern erreichen wir rechter Hand den *Harpelstein.* Ein Pfad führt zur grandiosen Aussicht.

Wir folgen weiter dem breiten Wanderweg. Bald weitet und gabelt er sich. Hier halten wir uns links. Leicht ansteigend stoßen wir auf einen asphaltierten Querweg. Hier rechts (A und M). Wir passieren linker Hand ein kleines *Haus* (M biegt links ab) und erreichen *Horath* auf der *Königsgartenstraße.*

60 Bescheider Mühle – Rockenburger Urwald – Bescheid – Bescheider Mühle

Verkehrsmöglichkeiten A 1 Ausfahrt Mehring, Richtung Thalfang bis Büdlicherbrück, rechts Richtung Bescheid und bald links in den ausgeschilderten Weg zum Forellenhof Bescheider Mühle.
Parkmöglichkeiten Parkplatz bei der Bescheider Mühle.
Wegmarkierungen OH, GR, S 4 bis Anschluß S 3. Ab erster Schutzhütte S 4 bis Anschluß GR, Bs 2 und Wegweiser.
Tourenlänge 11 Kilometer.
Wanderzeit 3½ Stunden.
Höhenunterschiede 260 Höhenmeter. Bei Erkundung des Felsenweges zusätzliche 100 Höhenmeter.
Wanderkarte 1:25000 Hermeskeil.
Wissenswertes Vom Forellenhof *Bescheider Mühle,* einem beliebten Ausflugsziel, folgen wir dem idyllischen Tal der Kleinen Dhron durch den Rockenburger Urwald.

Die *Kleine Dhron* entspringt am Erbeskopf und mündet nach 28 Kilometern bei der Papiermühle in die Dhron. Der *Rockenburger Urwald* ist ein alter Laubwald, der seit 1970 nicht mehr bewirtschaftet wird. Wer tiefer in den Wald vordringen will, folgt dem *Felsenweg.*

Tourenbeschreibung Von der *Bescheider Mühle* am *Wildgehege* vorbei. Wir queren die *Kleine Dhron,* folgen dem Wanderweg (OH, GR, S 4) etwa 500 Meter, wechseln wieder ans andere Ufer und folgen nun S 3 nach links auf breitem Weg. Geradeaus bergauf beginnt der *Felsenweg* (siehe Variante).

Am *Wassertretbecken* biegen wir rechts ab, folgen dem *Krennerichbach* etwa zwei Kilometer bergauf und erreichen bei einer *Schutzhütte* eine Kreuzung. Hier rechts (S 4) und steil hinauf zur *Schutzhütte* bei der Verkehrsstraße Bescheid – Reinsfeld. Ihr folgen wir etwa 50 Meter nach links, biegen dann rechts ab (GR). An folgender Gabelung rechts (GR, Bs 1, S 1). Mit schönen Talblicken am Waldrand entlang. Am asphaltierten Querweg rechts und zur *Kirche* von *Bescheid.*

Talwärts auf der *Dhrontalstraße.* Kurz vor Erreichen des Friedhofs links in die Straße *Zum Heidengraben.* Nach etwa 100 Metern biegen wir rechts ab (Bs 2) und wandern auf einem Wiesenweg zu Tal (Wegweiser: Naurath). Der breite Weg zieht in einer Rechtskurve um eine Waldweide herum, steigt an und erreicht bei einer Straßenweitung mit auffälligem Schiefergestein eine Gabelung. Hier rechts (Wegweiser: Unternaurath).

In *Unternaurath* halten wir uns rechts und stoßen über die Straße *Im Nassengraben* auf den *Mühlenweg*. Hier rechts. Wir folgen den Windungen des asphaltierten Wirtschaftsweges etwa 800 Meter, biegen links ab und kürzen so unseren Weg zur Verkehrsstraße ab. Ihr folgen wir ein kurzes Wegstück nach links Richtung Büdlicherbrück. Eine *Brücke* führt uns über die *Kleine Dhron*. Am Waldrand rechts und zurück zur *Bescheider Mühle*.

Variante Wir steigen auf dem *Felsenweg* über Stufen bergauf (S 3), erreichen einen breiten Forstweg, folgen ihm nach links und erreichen eine *Aussichtsplattform*. Von hier führt ein Pfad talwärts und erreicht nahe dem Wassertretbecken wieder den oben vorgeschlagenen Wanderweg.

61 Beuren – Rockenburger Urwald – Prosterath – Beuren

Verkehrsmöglichkeiten B 327 (Hunsrückhöhenstraße) bis Dhronecken und weiter auf der Landstraße oder A 1 Ausfahrt Mehring und weiter über Büdlicherbrück und Bescheid. Busverbindung mit Trier und über Hermeskeil mit Züsch.
Parkmöglichkeiten An der Kirche.
Wegmarkierungen OH bis zur Fischerhütte, dann RBr bis Anschluß A. Ab Prosterath wieder OH.
Tourenlänge 9 Kilometer.
Wanderzeit 3 Stunden.
Höhenunterschiede 210 Höhenmeter.
Wanderkarte 1:25000 Hermeskeil.
Wissenswertes Der Prosterather Wacken in *Prosterath,* ein gewaltiger Fels, ist Teil eines mächtigen Quarzganges, der sich vor etwa zwei Millionen Jahren gebildet hat. Er findet seine Fortsetzung im südwestlich gelegenen Wehlenberg und im Hohenstein.

Rockenburger Urwald und *Kleine Dhron* siehe Tour 60.

Tourenbeschreibung Wir folgen der *Hauptstraße* Richtung Reinsfeld und biegen bei der *Bushaltestelle* rechts in die Straße *Im Hardt* ein. Talwärts durch die Flur zum *Teich* am Waldrand. Hier rechts. Nach halber Umrundung des *Teiches* treffen wir bei

(Foto: Christina Garstecki)

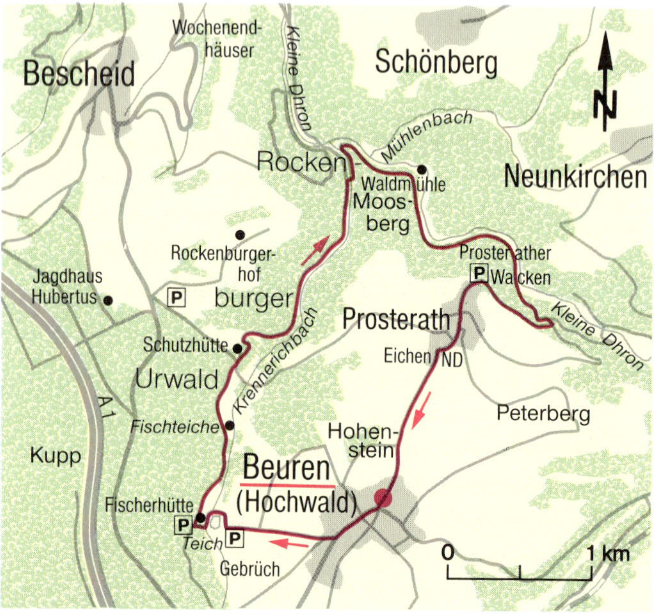

der *Fischerhütte* auf eine Übersichtstafel. Ein kurzes Wegstück bergauf zu einer Kreuzung. Hier rechts (GR/RBr). Auf breitem Weg an *Fischteichen* vorbei. Bei einer *Schutzhütte* queren wir einen Forstweg und tauchen in den *Rockenburger Urwald*.

Der Wanderweg folgt bald dem Lauf des *Krennerichbaches* und erreicht nach etwa zwei Kilometern (von der Schutzhütte gerechnet) eine Abzweigung. Hier rechts und über den *Krennerichbach*. Nach einem kurzen Wegstück können wir uns linker Hand an einem großen *Wassertretbecken* erfrischen. Unser Wanderweg jedoch zieht nach rechts und folgt der *Kleinen Dhron* Richtung Quelle (RBr), steigt an, passiert ein links im Tal liegendes Haus, geht in eine Rechtskurve, quert den zum Haus hinabführenden Weg, steigt wieder an und stößt auf der Höhe auf die enge Schleife eines breiten Weges. Hier rechts (A). Nach etwa 50 Metern biegen wir scharf rechts ab und wandern steil nach *Prosterath* hinauf.

Wir spazieren am dicken *Prosterather Wacken* vorbei und verlassen auf der *Antoniusstraße* den Ort. Der Weg führt zwischen zwei bemerkenswerten alten *Eichen* hindurch. Ein Fußgängerweg führt uns entlang der Verkehrsstraße nach *Beuren* zurück.

62 Rund um den Ehrenfriedhof Hinzert

Verkehrsmöglichkeiten A 1 Ausfahrt Reinsfeld. Von der B 407 Richtung Reinsfeld auf die B 52 Richtung Trier und dann nach etwa zwei Kilometern rechts auf die zum Ehrenfriedhof führende Landstraße. Busse ab Hinzert nach Hermeskeil und Trier.
Parkmöglichkeiten Beim Ehrenfriedhof.
Wegmarkierungen T 3.
Tourenlänge 5 Kilometer.
Wanderzeit 1½ Stunden.
Höhenunterschiede 90 Höhenmeter.
Wanderkarte 1:25000 Hermeskeil.
Wissenswertes Ein nachdenklich stimmender Spaziergang. Am Platz des heutigen *Ehrenfriedhofs Hinzert* stand ein Sonderlager der SS. Politische Häftlinge aus ganz Europa wurden hier zu harter Zwangsarbeit verurteilt. Viele starben in der grausamen Gefangenschaft.
Tourenbeschreibung Vom *Parkplatz* beim Ehrenfriedhof spazieren wir entlang der nach Reinsfeld führenden Straße, unter-

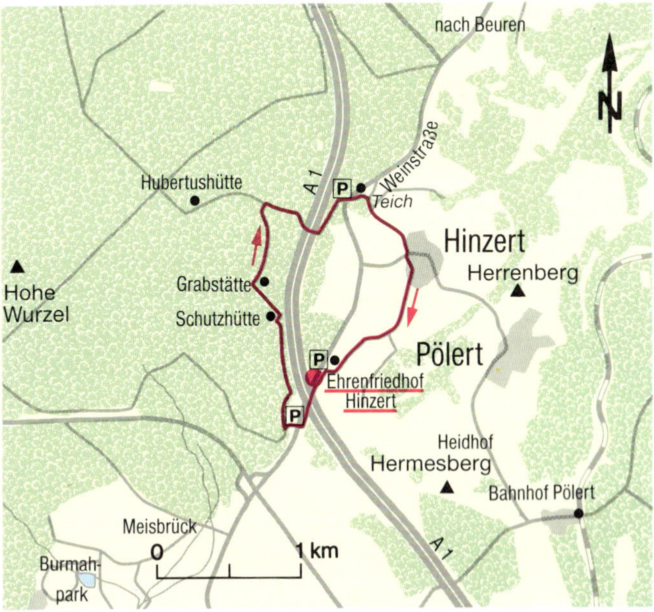

Häufig werden bequeme Waldwege auch von Radwanderern benutzt. Naturfreunde nehmen aufeinander Rücksicht, einerlei ob »per pedes« oder »per pedale«.
(Foto: Christina Garstecki)

queren die *Autobahn* und biegen dann nach etwa 100 Metern rechts ab. Nach wenigen Metern treffen wir auf einen Querweg. Hier rechts. Wir wandern dicht an der Autobahn entlang, sehen bald zur Linken den Fels Graue Eltz und erreichen eine *Schutzhütte.* Hier folgen wir dem Linksbogen des breiten Weges in den Wald zur etwa 200 Meter entfernten Kreuzung. Hier rechts.

Zuvor können wir einem Wegweiser folgen. Er zeigt uns den schmalen Pfad zu einer etwa 50 Meter entfernten, von Thuja umgebenen, namenlosen *Grabstätte.*

Wir stoßen auf eine breite Kreuzung. Hier rechts talwärts. Der Asphaltweg unterquert die *Autobahn,* zieht nach links und trifft beim *Waldparkplatz* auf die nach Beuren führende Verkehrsstraße. Wir folgen ihr etwa zehn Meter nach links, biegen dann rechts in einen schmalen, leicht zu übersehenden Pfad ein. Über eine Knüppelholzbrücke, vorbei an einem *Teich,* erreichen wir bei einem *Bildstock* einen Asphaltweg. Hier rechts zum Ortsrand von *Hinzert.* Wir queren die *Hochwaldstraße* und wandern auf dem *Hirtenweg* zum *Parkplatz* zurück.

63 Osburg – Riveristalsperre – Osburg

Verkehrsmöglichkeiten A 1 Ausfahrt Reinsfeld. Von der B 407 Richtung Reinsfeld auf die B 52 Richtung Trier und nach etwa zehn Kilometern links auf die Landstraße nach Osburg. Busverbindung mit Trier und über Hermeskeil mit Börfink.
Parkmöglichkeiten An der Kirche bei der Bushaltestelle »Steilstraße«.
Wegmarkierungen Os 1 und Os 2 bis Forsthaus Sternfeld. Fw 2 bis zur Abzweigung ins Misselbachtal, dann unmarkiert. Fw 2 im Riveristal bis Anschluß GR. Dann unmarkiert bis Anschluß Rv 1.
Tourenlänge 11,5 Kilometer. **Wanderzeit** 3 Stunden.
Höhenunterschiede 180 Höhenmeter.
Wanderkarte 1:25000 Hermeskeil.

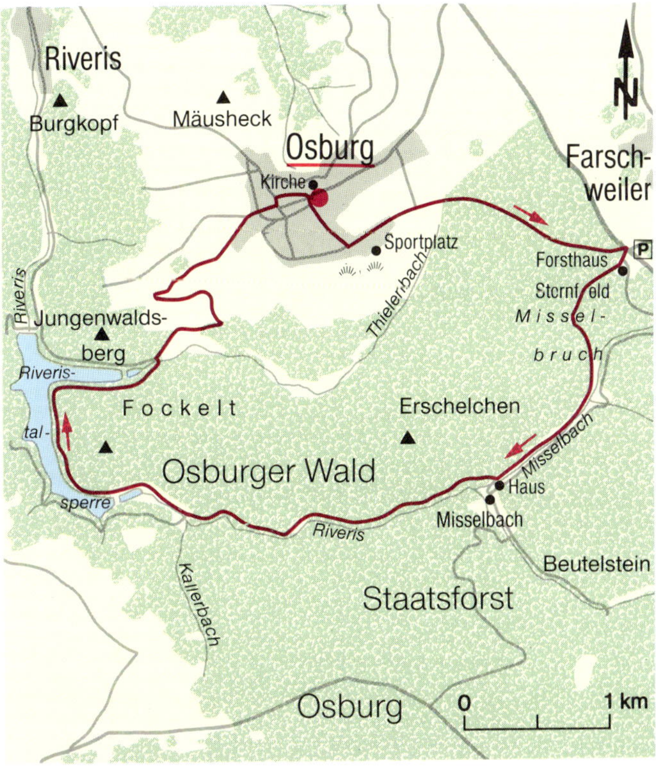

(Foto: Michael Klees)

Wissenswertes Die *Osburger Kirche* birgt Ölgemälde im Nazarenerstil von Octavie de Lasalle von Louisenthal (1812–1890) und drei Holzfiguren aus dem 18. Jahrhundert.

Die *Riveristalsperre* ist ein wichtiges Trinkwasserreservoir der Stadt Trier. Die gleichen Quellgebiete wurden schon von den Römern zur Wasserversorgung genutzt.

Tourenbeschreibung Wir spazieren entlang der *Steilstraße* talwärts zur *Bushaltestelle Marktplatz,* biegen links ab, wandern auf der *Bergstraße* und der *Misselbachstraße* bergauf, biegen links in die Straße *Am Sportplatz* ein und erreichen die Flur. Wir halten uns geradeaus, stoßen bei einer Ruhebank auf eine Wegdreiteilung und folgen dem Wegweiser Richtung Sternfeld in den mittleren Weg. Stetig bergauf. Auf der Höhe (544 m) queren wir einen breiten Weg, wandern talwärts und erreichen das *Forsthaus Sternfeld* nahe der B 52.

Wir biegen rechts ab (F 2) und halten uns an der Gabelung hinter dem Forsthaus wieder rechts. Etwa 500 Meter talwärts auf breitem Asphaltweg zu einer Gabelung. Hier links zu Tal (F 2 zweigt rechts ab). Der Wanderweg folgt nun dem *Misselbachtal* und gabelt sich bei einem *Haus.* Hier rechts und an der nach etwa 20 Metern folgenden Gabelung links.

Wir folgen nun wieder der Markierung Fw 2, wandern recht hoch über dem *Riveristal,* folgen dann dem westlichen Ufer der *Talsperre* und erreichen die Einmündung des *Thielenbaches.* Der Weg zieht nun scharf nach links und erreicht eine *Infotafel.* Wir biegen scharf rechts ab (GR), wandern etwa 500 Meter stetig steil bergauf (der mit GR markierte Wanderweg zweigt rechts ab) und erreichen eine Kreuzung. Hier links und auf bald asphaltiertem Weg entlang alter Obstbaumwiesen, Brombeersträucher und Farne auf die aussichtsreiche Höhe zu einem Querweg. Hier rechts. Wir erreichen *Osburg* auf der *Kapellenstraße,* halten uns geradeaus und treffen wieder auf die *Kirche.*

64 Rund um den Stausee bei Kell

Verkehrsmöglichkeiten A 1 Ausfahrt Reinsfeld, B 407 Richtung Saarburg. Busverbindung mit Hermeskeil und Trier.
Parkmöglichkeiten Parkplatz an der nordöstlichen Seespitze beim Fronhof.
Wegmarkierungen Kl 1 bis Anschluß K 10. Ab Schutzhütte K 3 bis Anschluß K 4.
Tourenlänge 5,5 Kilometer. **Wanderzeit** 1½ Stunden.
Höhenunterschiede 65 Höhenmeter.
Wanderkarte 1:25000 Hermeskeil.

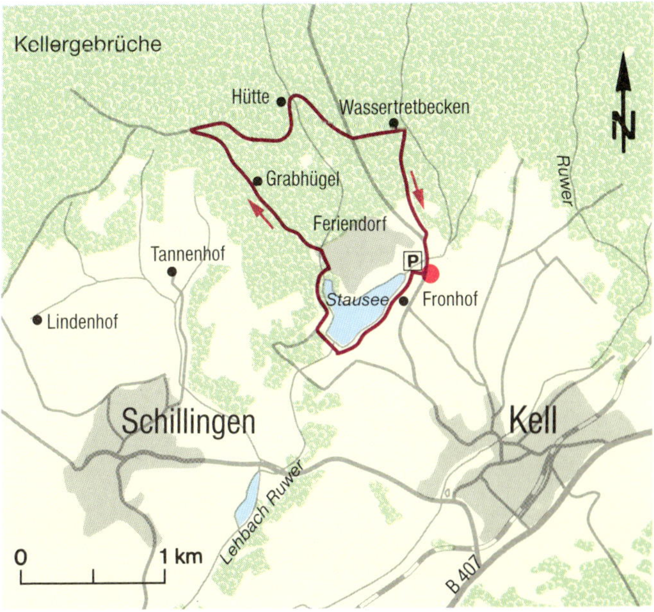

Ruine Grimburg bei Hermeskeil (Foto: Heinz Wittner)

Wissenswertes Am Stausee bei *Kell* befindet sich der »Ferienpark Hochwald« mit vielen touristischen Einrichtungen.

Tourenbeschreibung Vom *Parkplatz* zum Seeufer. Wir folgen dem Seerundweg nach links und tauchen an der nordwestlichen Seespitze in den Wald. Unterhalb der Ferienhausanlage zieht der Weg nach rechts und führt in dunklen Fichtenwald. Hier biegen wir scharf links ab, überschreiten einen *Bach* und erreichen eine Gabelung. Hier rechts. Der breite Weg führt leicht ansteigend durch den Wald. Bei der Einmündung eines sehr breiten Weges von rechts halten wir uns geradeaus und erreichen nach wenigen Metern rechter Hand einen keltischen *Grabhügel.* Der Weg steigt weiter an und erreicht eine weite Kreuzung. Hier scharf rechts (K 10). Auf breitem Weg sanft talwärts und an einer *Schutzhütte* vorbei. Wir queren die Verkehrsstraße Kell – Holzerath (nun K 4), erreichen ein *Wassertretbecken,* biegen rechts ab, halten uns geradeaus und erreichen die Verkehrsstraße. Hier links auf parallel verlaufendem Fußgängerweg zum nahen *Parkplatz* zurück.

65 Grimburg – Burganlage Grimburg – Grimburg

Verkehrsmöglichkeiten A 1 Ausfahrt Reinsfeld, B 407 Richtung Saarburg bis Kell, Landstraße zum noch fünf Kilometer entfernten Grimburg. Busverbindung mit Hermeskeil und Wadern.
Parkmöglichkeiten Bei der Kirche neben der Bushaltestelle.
Wegmarkierungen G 7.
Tourenlänge 5 Kilometer.
Wanderzeit 1½ Stunden.
Höhenunterschiede 110 Meter.
Wanderkarte 1:25000 Hermeskeil.
Wissenswertes Die aus dem 12. Jahrhundert stammende *Burganlage Grimburg*, eine Grenzfeste des Erzbistums Trier, hatte man nach der Brandschatzung durch die Franzosen dem Verfall preisgegeben. Die Burganlage wurde umfassend restauriert.
Tourenbeschreibung Bei der *Bushaltestelle* gibt ein Wegweiser die Entfernung zur Grimburg mit 2,5 Kilometern an. Über *Keller Straße, Hauptstraße* und *Burgstraße* verlassen wir den Ort. Am freistehenden *Schuppen* links. Mit schöner Fernsicht wan-

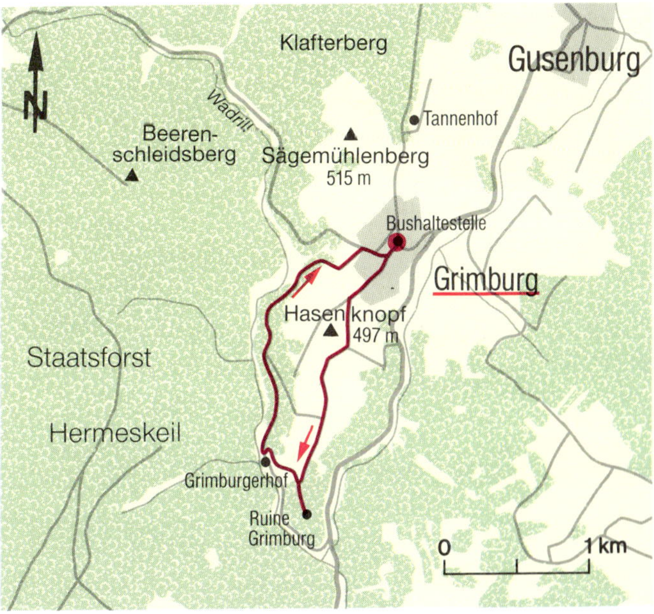

(Foto: Christina Garstecki)

dern wir auf einem asphaltierten Wirtschaftsweg über den Höhenrücken zur *Burganlage Grimburg.*

Nach der Besichtigung spazieren wir ein kurzes Stück des Herwegs zurück und folgen nun der Asphaltstraße steil hinab ins *Wadrilltal.* Unmittelbar vor dem *Grimburger Hof* scharf rechts. Der Wanderweg folgt dem *Wadrilltal,* steigt stetig an und stößt auf die *Keller Straße* am westlichen Ortsrand von *Grimburg.*

66 Hermeskeil – Primstalsperre – Züsch – Hermeskeil

Verkehrsmöglichkeiten Hermeskeil liegt am Schnittpunkt der B 327 (Hunsrückhöhenstraße) mit der von Trier kommenden B 52. Busverbindung mit Trier, Birkenfeld, Morbach und Wadern.
Parkmöglichkeiten Beim Rathaus. Dort befindet sich auch die Tourist-Information.
Wegmarkierungen Blaues Andreaskreuz und Hk 3 bis zur Talsperre. Weiter mit N bis Anschluß blaues Andreaskreuz. Zs 2 ab Züsch, gefolgt Df 1 und Hk 7. Sehr dünn markiert.
Tourenlänge 20 Kilometer.
Wanderzeit 6 Stunden.
Höhenunterschiede 320 Höhenmeter.
Wanderkarte 1:25000 Hermeskeil.
Wissenswertes Eine abwechslungsreiche Wanderung durch eine Wald-, Wiesen- und Seenlandschaft.

Hermeskeil zählt rund 6000 Einwohner. Der Ort verfügt seit 1970 über die Stadtrechte. Im Heimatmuseum am »Neuen Markt« wird die lokale Kulturgeschichte präsentiert. Im ehemaligen Bahnbetriebswerk befindet sich ein Dampflokmuseum. Ein Prunkstück ist die 24 Meter lange Schnellzuglok von 1938. An der Hunsrückhöhenstraße in Höhe des Ortsteils Abtei befindet sich eine große Flugausstellung mit originalen Militär- und Verkehrsflugzeugen, darunter die legendären Maschinen Ju 52 und Messerschmidt ME 108 Taifun. In einer im Maßstab 1:1 nachgebauten Concorde ist ein Café eingerichtet.

Die *Primstalsperre* ist das größte Trink- und Brauchwasserreservoir von Rheinland-Pfalz und Saarland. Baden und Wassersport sind nicht erlaubt.

Die Ruine *Züscher Hammer* an unserem Weg ist eine ehemalige Eisenschmelze aus dem 17. Jahrhundert. Sie wurde 1835 stillgelegt.

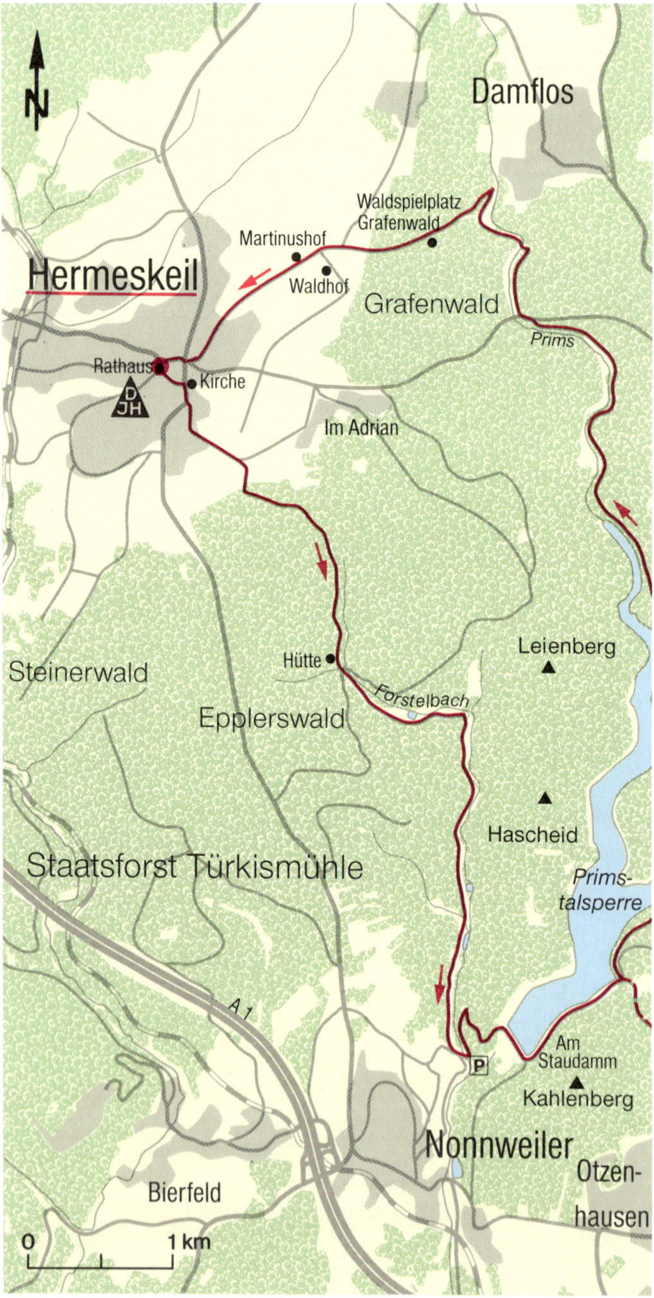

N
Damflos
Waldspielplatz
Grafenwald
Martinushof
Hermeskeil
Waldhof
Grafenwald
Prims
Rathaus
Kirche
D
JH
Im Adrian
Leienberg
Hütte
Steinerwald
Forstelbach
Epplerswald
Hascheid
Prims-
talsperre
Staatsforst Türkismühle
A1
Am
Staudamm
P
Kahlenberg
Nonnweiler
Otzen-
hausen
Bierfeld
0
1 km

Damflos
N
Retzenkopf
Retzenhöhe
Prims
Primsberg
Züsch
Zinsershütten
Nonnenweiler Höhe
Hochwaldhof
570 m
Rosenhof
Neuhütten
Züschermühle
Schmelz
Ruine Züscher Hammer
Leienberg
Allbach
Hascheid
Staatsforst
Prims-talsperre
Hunnenring
Kloppbruchs-wiese
Türkismühle
Kloppbruch-weiher
P
Am Staudamm
Kahlenberg
Otzen-hausen
0
1 km

Variante Ab der Kreuzung bei der *Kloppbruchswiese* (1,5 km vom Hunnenring entfernt) folgen wir dem blauen Andreaskreuz, indem wir halbrechts abbiegen, queren beim *Parkplatz* nahe dem Alten Zoll die Verkehrsstraße, überqueren den *Hunnenring* (siehe Tour 67), treffen wieder auf das blaue Andreaskreuz und folgen ihm zur *Züschermühle,* wo wir wieder auf die folgend beschriebene Route treffen.

Tourenbeschreibung Wir spazieren vom *Rathaus* entlang der *Trierer Straße* am *Arbeitsamt* vorbei bergauf zur *evangelischen Kirche* von 1835. Entlang der *Saarstraße* Richtung Nonnweiler und oberhalb vom *Brunnen* links in die Straße *Am Vogelsang.* Steil hinauf, am Querweg links. An einem kleinen Waldstück queren wir einen Wirtschaftsweg. Der Wanderweg zieht nach rechts. Unmittelbar nach Eintreten in den Wald biegen wir links ab und wandern an einer Ruhebank vorbei zu Tal. Bei einer *Schutzhütte* erreichen wir eine Kreuzung und biegen links ab. Nach etwa 20 Metern biegen wir rechts ab und folgen dem rechten Ufer des *Forstelbaches.*

Der Weg führt stets talwärts an vielen Fischteichen und Feuchtgebieten vorbei. Nahe einer Freizeitanlage mit einem Wassertretbecken erreichen wir eine breite Asphaltstraße. Wir biegen links ab, queren den *Forstelbach* und wandern steil bergauf. An folgender Wegkreuzung rechts. Der Weg führt über die Staumauer, dann am Hochufer des Sees entlang zu einer großangelegten Kreuzung nahe der Kloppbruchswiese, einer ehemaligen Eisenerzfundstätte.

Industrielok im Lokomotivenmuseum in Hermeskeil (Foto: Heinz Wittner)

Wir folgen nun der oben vorgeschlagenen Variante oder biegen scharf links ab und folgen dem Hochufer. Linker Hand passieren wir die in einer Senke liegende *Ruine Züscher Hammer.* Der Wanderweg folgt nun dem *Allbach* Richtung Quelle zur *Züschermühle.* Hier treffen wir auf das vom Hunnenring kommende blaue Andreaskreuz und folgen ihm zum Ortsrand von *Züsch.*

Links der *Saarstraße* folgend, dann links in die *Gartenstraße* einbiegend, treffen wir auf die Durchfahrtsstraße. Wir folgen ihr zur *Kirche,* biegen oberhalb der *Kirche* links in die *Schulstraße* ein (das blaue Andreaskreuz läuft weiter geradeaus), erreichen die Flur und halten uns geradeaus bis zur Einfahrt zum *Hochwaldhof.* Hier biegen wir links ab. Nach etwa 100 Metern rechts (Zs 2). Unmittelbar vor dem *Rosenhof* biegen wir halblinks ab und wandern auf grasbewachsenem Weg zur *Talsperre.* Unser Wanderweg mündet in einen breiten Weg, dem wir nach rechts durch das Primstal folgen und auf die Straße Züsch – Hermeskeil stoßen. Ihr folgen wir etwa 50 Meter nach links Richtung Hermeskeil, biegen dann rechts ab. Nach etwa 400 Metern führt uns eine Brücke über die *Prims.* Wir treffen bei einer Schutzhütte auf einen breiten Weg. Hier rechts (Df 1). Nach einem kurzen Wegstück erreichen wir eine Kreuzung. Hier links und steil bergauf. Wir halten uns geradeaus, passieren den *Waldspielplatz Grafenwald* und treffen auf die Verkehrsstraße. Ein parallel laufender Fußgängerweg führt uns nach *Hermeskeil* zurück.

67 Aufstieg zum Hunnenring

Verkehrsmöglichkeiten A 1 Ausfahrt Nonnweiler oder A 62 Ausfahrt Nonnweiler/Otzenhausen, B 52 bis Otzenhausen, Landstraße Richtung Neuhütten. Busse nach Otzenhausen von Hermeskeil, Wadern und Bosen.
Parkmöglichkeiten Großer Parkplatz nahe der alten Zollstation an der Straße Otzenhausen – Neuhütten unterhalb des Hunnenrings.
Wegmarkierungen Schwarzer Kreis des Rundwanderweges St. Wendeler Land, zeitweise begleitet vom blauen Kreuz und dem rot-weißem Quadrat, Schlußstück ohne Markierung.
Tourenlänge 3,5 Kilometer. **Wanderzeit** 1½ Stunden.
Höhenunterschiede 180 Höhenmeter.
Wanderkarte 1:25000 Hermeskeil oder 1:50000 St. Wendeler Land.

Bei Züsch (Foto: Michael Klees)

Wissenswertes Die irreführend als *Hunnenring* bezeichnete Ringwallanlage auf dem Dollberg (620 m) bei Otzenhausen wurde von den keltischen Treverern in der Laténezeit errichtet. Die damalige städtische Siedlung umfaßte 185 Hektar. 230000 Kubikmeter Steine wurden herbeigeschafft, um die 2210 Meter langen Wallmauern zu errichten. Die ehemals von einem Balkengerüst zusammengehaltenen Mauern sind zusammengestürzt. Beim Überqueren des Nordwalls – die Treppe wurde 1836 eigens für den Besuch des Preußenkönigs Friedrich III. angelegt – bekommen wir einen Eindruck von den kolossalen Ausmaßen.

Tourenbeschreibung Vom *Parkplatz* ausgehend queren wir die Verkehrsstraße, spazieren an der *Infotafel* vorbei bergauf, halten uns an folgender Gabelung rechts und folgen dem breiten *Hunnenringweg.* Nach etwa 500 Metern biegen wir links ab und wandern steil bergauf (schwarzer Kreis). Der Pfad durchschneidet den Wall der *Vorburg.* Wir passieren eine auf dem Weg stehende Ruhebank, biegen gleich rechts ab (blaues Andreaskreuz) und steigen auf schmalem Pfad äußerst steil über Wacken bergauf. Wir queren den zweiten Mauerring und passieren bald zur Linken eine *Schutzhütte.* Weiter geradeaus. Stufen führen uns über den mächtigen *Nordwall* hinweg. Am breiten Querweg links. Wir münden in einen noch breiteren Weg, dem wir nach links bis zu einer *Schutzhütte* folgen. Unser Wanderweg zieht in eine scharfe Linkskurve (das blaue Andreaskreuz läuft geradeaus Richtung Züsch) und führt stetig talwärts zum Ausgangspunkt zurück.

Hunnenring bei Otzenhausen (Foto: Heinz Wittner)

68 Bostalsee – Nahequelle – Bostalsee

Verkehrsmöglichkeiten A 62 Ausfahrt Nohfelden – Türkismühle, B 52 etwa 1½ Kilometer Richtung Nonnweiler, weiter auf der Landstraße über Eckelhausen und Bosen zum westlichen Seeufer. Busse nach Bosen ab St. Wendel, Birkenfeld, Hermeskeil und Türkismühle.
Parkmöglichkeiten Parkplatz 1 am westlichen Seeufer nahe der Touristeninformation.
Wegmarkierungen Rot-weißes Quadrat bis Elzenbergermühle, blaues N bis zur Nahequelle, dann schwarzer Ring mit punktiertem Querstrich bis Anschluß rot-weißes Quadrat.
Tourenlänge 14 Kilometer.
Wanderzeit 4 Stunden.
Höhenunterschiede 170 Höhenmeter.
Wanderkarte 1:50000 St. Wendeler Land.
Wissenswertes Eine abwechslungsreiche Wald-, Wiesen- und Seenwanderung.

Der *Bostalsee,* ein beliebtes Ausflugsziel mit einer Vielzahl an Freizeit- und Wassersporteinrichtungen, ist mit 120 Hektar Wasserfläche der größte Stausee in Südwestdeutschland. In der naturkundlichen Informationszentrale erhalten wir Auskunft über die Tier- und Pflanzenwelt. Bei der *Nahequelle* treffen wir auf eine hübsche Freizeitanlage mit einem kleinen Wildgehege. Die Nahe legt bis zur ihrer Mündung bei Bingen in den Rhein 116 Kilometer zurück.

Tourenbeschreibung Bei der *Telefonzelle* auf dem *Parkplatz 1* befindet sich eine Übersichtstafel. Wir folgen dem Wegweiser »Wanderweg«. An der »Naturkundlichen Informationszentrale« vorbei wandern wir auf dem *Seerundweg,* passieren den *Parkplatz* an der Südspitze des Sees, erreichen eine große Steinskulptur und biegen rechts ab. Wir queren die Verkehrsstraße Neukirchen – Gonnesweiler, überqueren die *Nahe* beim Weiler *Elzenbergermühle* und biegen bei der *Kapelle* rechts ab (blaues N).

Bei der *Nohmühle* treffen wir auf einen Asphaltweg und folgen ihm nach links. Kurz bevor wir in den Wald treten, sehen wir zur Rechten auf der freien Wiese einen baumbestandenen Hügel, ein Grab aus vorchristlicher Zeit. An folgender Gabelung rechts. Nach einem Wegstück durch Fichtenwald biegen wir scharf rechts ab. Der Pfad zieht nach links, führt durch Laubwald und mündet in einen breiteren Weg. Am Waldende rechts zu Tal. Wir queren die *Nahe,* wandern bergauf und biegen bald links ab in den Wald. Unser Weg führt am Südwesthang des

Krulscheid (487 m) entlang und erreicht *Selbach* auf der *Schafbrücker Straße*. Wir stoßen auf die von Neukirchen kommende Straße, folgen ihr nach links Richtung Wadern, passieren die *Kapelle* und biegen bald rechts in die Straße *Zur Nahequelle* ein.

Wir gehen rechts an der *Nahequelle* vorbei (Schild: Peterberg, schwarzer Ring mit punktiertem Querstrich) und stoßen auf einen Querweg. Hier rechts. (Schild: Neunkirchen am Bostalsee.) Wir folgen den Windungen des Weges durch den Wald, bis er recht steil zu Tal führt. Dort biegen wir links in einen Pfad ein. Er trifft auf einen Querweg. Links halten. An Wiesengelände entlang und steil hinauf in den Wald. An folgender Kreuzung rechts. Wir queren die Verkehrsstraße Eiweiler – Neunkirchen und halten uns geradeaus bis zur Kreuzung. Hier rechts (Schild: Bostalsee). Der Weg führt bald an Wiesengelände entlang und erreicht eine Gabelung, an der wir rechts abbiegen. Nach etwa 100 Metern biegen wir links ab. Wir passieren zur Linken eine *Schutzhütte.* An folgender Gabelung rechts talwärts, dann auf bald asphaltiertem Weg bergauf. Er zieht nach links. Mit schönem Seeblick treten wir aus dem Wald.

Auf der Straße *Im Hirzenbruch* erreichen wir *Bosen,* treffen auf die *Bostalstraße,* folgen ihr nach rechts Richtung Neunkirchen (rot-weißes Quadrat) und biegen hinter dem Ortsausgangsschild links ab zu *P 1.*

69 Brodenbach – Ehrbachtal – Buchholz

Verkehrsmöglichkeiten A 61 Ausfahrt Emmelshausen und weiter über Gondershausen. Busse von Burgen und Koblenz nach Brodenbach. Schiffsverbindung. Buchholz ist Station der Hunsrückbahn Emmelshausen – Boppard.
Parkmöglichkeiten Parkplatz an der Straße Salzwiese (Weg zur Jugendherberge).
Wegmarkierungen E (Ehrbachtal).
Tourenlänge 15 Kilometer. **Wanderzeit** 4½ Stunden.

(Foto: Michael Klees)

Mosel
Brodenbach
P
D
JH
Kerrberg
Nörtershausen
N
Brodenbach
Langer Berg
Vogelsang
Ehrbach
Haus Sonnenwinkel
Jahrsbergerhöfe
Ehrenburger tal
Stabenhof
Ehrenburg
Herschwiesen
Linkenmühle
Kröpplingen
Höberberg
Oppenhausen
Brandengrabenmühle
Hübingen
Ehrbach
Morshausen
Eckmühle
Staatsforst
Winkelholzberg
Daubisbergermühle
Boppard
Klopp
Ehrbachklamm
Rauschenberg
Rauschenmühle
Ruine Rauschenburg
0
1 km
Beulich
Mermuth

Höhenunterschiede 500 Höhenmeter.
Wanderkarte 1:50000 Der Rhein von Bingen bis Koblenz.
Wissenswertes *Ehrbachtal* siehe Tour 4.
Tourenbeschreibung Wir verlassen *Brodenbach* entlang der Straße *Salzwiese,* treffen auf die nach Emmelshausen führende Verkehrsstraße, folgen ihr bis kurz vor den Campingplatz und biegen links in einen schmalen Pfad ein. Am Haus *Sonnenwinkel* vorbei und durch den Ortsteil *Ehrenburgertal.* Hoch über uns erhebt sich die Ehrenburg. Auf breitem Weg, mehrfach das Ufer wechselnd, passieren wir die *Linkenmühle* und die *Brandgrabenmühle.* Kurz hinter der *Eckmühle* führt ein schmaler Pfad in die *Klamm.* Wir erreichen die Enge unterhalb der Ruine Rauschenburg. Ein kleiner Wasserfall stürzt hier in den *Ehrbach* hinab. Eine Gedenktafel erinnert an den Apotheker Wilhelm Franke, den Erschließer der Klamm.

Der Weg wird wieder bequemer. Wir wechseln wiederholt das Ufer, passieren die *Rauschenmühle,* steigen zum Waldrand hinauf und erreichen den *Ehrbach* wieder bei der *Daubisbergermühle.* Hier können wir das letzte, ehemals oberschlächtig arbeitende (von oben durch Wasser getriebene) Mühlrad besichtigen. Wir wechseln ans andere Ufer, passieren die Einmündung des *Liesenfelder Baches,* die *Schöneckermühle,* die *Hierermühle* und folgen nun dem Ufer des hier *Kobelsbach* genannten Oberlaufs des Ehrbaches. An der Einmündung von *Neyer-Bach* und *Holzbach* vorbei, dann dem *Simmersbach* folgend, erreichen wir *Buchholz.*

70 Emmelshausen – Fleckertshöhe – Boppard

Verkehrsmöglichkeiten A 61 Ausfahrt Emmelshausen oder über die B 327 (Hunsrückhöhenstraße). Bus- und Bahnverbindung mit Boppard.
Parkmöglichkeiten Am Bahnhof.
Wegmarkierungen Weg Nr. 1 und Nr. 2 bis Anschluß Nr. 72. Ab Fleckertshöhe R (Rheinhöhenweg).
Tourenlänge 16 Kilometer.
Wanderzeit 4½ Stunden.
Höhenunterschiede 180 Höhenmeter.
Wanderkarte 1:50000 der Rhein von Bingen bis Koblenz.
Wissenswertes Der Luftkurort *Emmelshausen* zählt rund 4200 Einwohner. Das Agrarhistorische Museum in der Rhein-Mosel-Straße 9 zeigt eine große Vielfalt landwirtschaftlicher Geräte und gibt Einblick in das traditionelle Leben der bäuerlichen Bevölkerung. Am östlichen Ortsrand von Emmelshausen beginnt ein Wald- und Naturlehrpfad (2,2 km), dem wir ein kurzes Wegstück folgen. Markierung: »Keiler Karl« in Form eines Wegweisers. Vom Naturlehrpfad führt ein Weg zum Landwirtschaftlichen Lehrpfad.

Ein besonderes Erlebnis ist die 15 Kilometer lange Rückfahrt mit der *Hunsrückbahn.* Sie wurde von 1906 bis 1908 erbaut und ist die einzige Bahnlinie, die im Hunsrück noch regulär befahren wird.

Boppard siehe Tour 2.

Tourenbeschreibung Vom *Bahnhof* über die *Bahnhofstraße* und am *Schützenhaus* vorbei. Wir passieren zur Rechten die Waldkapelle, wandern parallel zu den Gleisen Richtung Fleckertshöhe (Weg Nr. 1 und 2), halten uns geradeaus, treffen auf einen breiten Forstweg, dem wir folgen und unterqueren die *B 327.* Wir halten uns weiter geradeaus, passieren eine *Schutzhütte* und biegen links in einen Querweg ein. In seiner scharfen Rechtskurve treffen wir auf den hohen *Bahndamm.* Wir halten

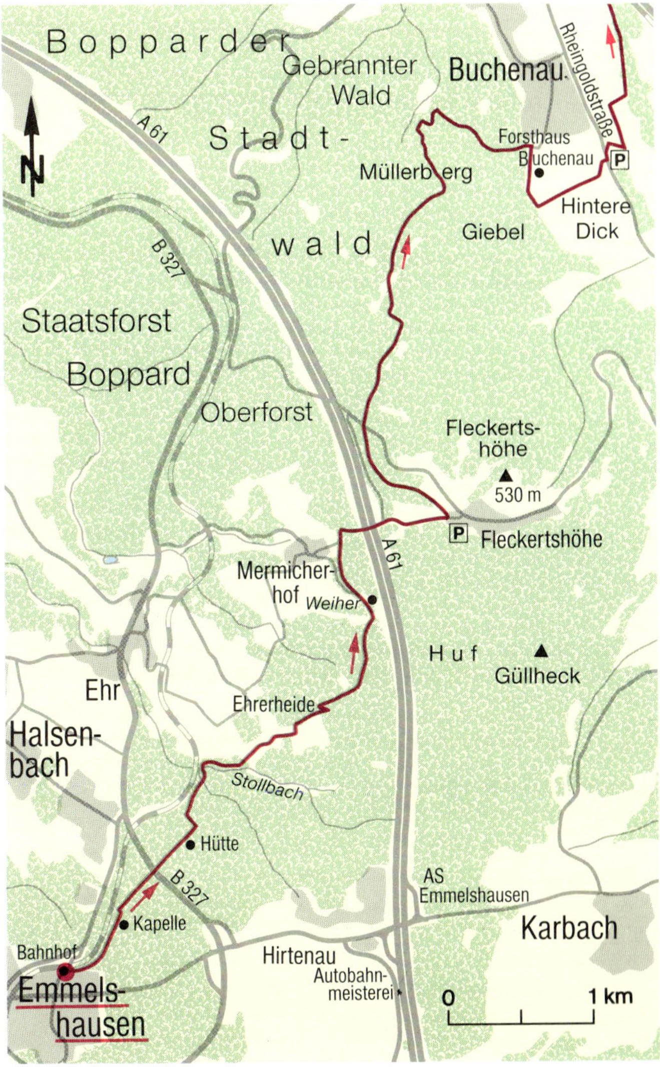

uns hier geradeaus und wandern nun auf schmalerem Weg weiter (1, 2). Er steigt an, zieht nach rechts, quert eine weite Wiesenfläche, zieht nach links hinauf zum Wald und trifft bei *Ehrerheide* auf die Kurve eines breiten Weges. Hier rechts und am Waldrand entlang (Loipe 1). In der Waldecke biegen wir links

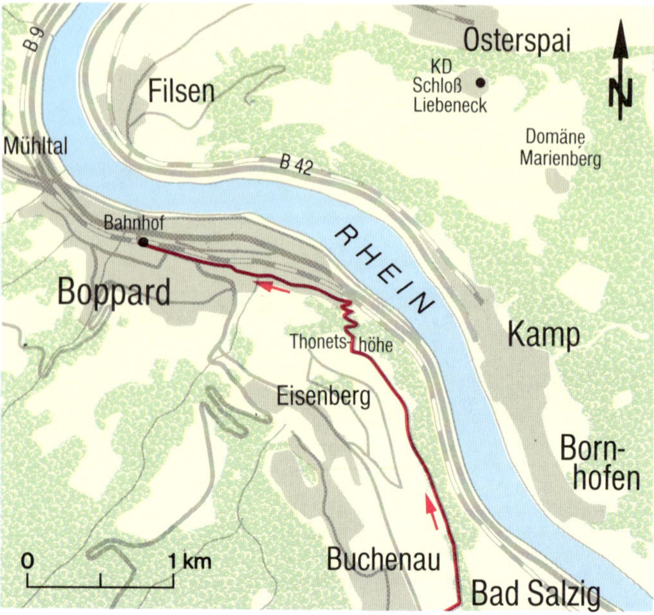

ab, biegen nach etwa zwanzig Metern rechts ab und behalten somit unsere bisherige Richtung bei. (Die markierte Loipe zieht hier nach rechts.) Wir biegen in einen Forstweg ein, folgen ihm rechts bergauf und treffen auf den Weg Nr. 72. Ihm folgen wir nach links. Geradeaus, an einem *Weiher* vorbei und bergauf.

Oberhalb vom Mermicherhof treffen wir auf einen Asphaltweg. Ihm folgend überqueren wir die A 61, halten uns geradeaus und biegen unmittelbar vor dem *Bauernhof* vor der *Flekkertshöhe* (530 m) links ab (R). In den Wald, an folgender Gabelung rechts und talwärts. Wir halten uns rechts. Der Weg quert die zur Fleckertshöhe führende Verkehrsstraße und erreicht bald eine Kreuzung mehrerer Wanderwege. Hier links.

Wir folgen nun stets dem Wegzeichen R, zweigen mehrmals ab, wandern schließlich auf der breiten *Buchener Waldstraße* zu Tal, passieren einige *Stationen des Waldlehrpfades* und erreichen die Gaststätte *Forsthaus Buchenau* oberhalb von Bad Salzig. Hier rechts, am Waldrand entlang, dann links zu Tal.

Wir biegen links in die *Rheingoldstraße* ein, biegen nach etwa 50 Metern rechts ab. Auf der Anhöhe links ab. Der markierte Weg führt durch Streuobstwiesen, schwenkt bald wieder rechts, kurz darauf links ab und führt dann geradewegs etwa zwei Kilometer über die Höhe. Dann müssen wir aufpassen. Wir biegen rechts in einen schmalen Pfad ein (R), halten uns links, wandern steil und kurvenreich bergab, passieren den Aussichtspunkt *Thonethöhe,* benannt nach dem Erfinder der Bugholzmöbel, und erreichen die *Parkstraße.* Weiter über die *Marienbergerstraße* und *Säuerlingstraße* zum *Bahnhof.*

71 Brodenbach – Burg Thurant – Alken

Verkehrsmöglichkeiten A 61 Ausfahrt Emmelshausen und weiter über Gondershausen. Busse von Burgen und Koblenz. Schiffsverbindung.
Parkmöglichkeiten Parkplatz an der Straße Salzwiese (Weg zur Jugendherberge).
Wegmarkierungen M (Moselhöhenweg) und grüner Weinkelch (Schoppenstecher Wanderweg).
Tourenlänge 5 Kilometer.
Wanderzeit 2 Stunden.
Höhenunterschiede 220 Höhenmeter.
Wanderkarte 1:50000 Die Mosel von Bernkastel-Kues bis Koblenz.
Wissenswertes Hoch über Alken erhebt sich *Burg Thurant.* Sie wurde 1197 von Pfalzgraf Heinrich, einem Sohn Heinrichs des Löwen, gegründet. 1214 kam sie in Besitz der pfälzischen Wittelsbacher. 1248 wurde die Burg vom Erzstift Trier und dem Kölner Bistum erobert. Im 16. Jahrhundert wurde die Burg als Steinbruch genutzt, 1689 durch französische Truppen weiter zerstört. Im 19./20. Jahrhundert wurde sie restauriert und nach romantischer Vorstellung ausgestaltet. Im Frühjahr am dritten Fastensonntag feiert man in Alken das »Moosemannfest«. Es erinnert an die Belagerung der Burg.
Tourenbeschreibung Entlang der *B 49* Richtung Koblenz und bei der Polizei rechts in die Straße *Niederbach.* Wir überschreiten den *Brodenbach,* folgen ihm Richtung Quelle, überschreiten ihn hinter der scharfen Rechtskurve des Weges ein zweites Mal, folgen dann auf schmalem Pfad einem Zufluß steil bergauf, biegen scharf links ab und erreichen einen Aussichtspunkt. Hier rechts. Der Pfad schlängelt sich nun mäßig steil am Berghang entlang zu einer *Schutzhütte.* Weiter am Hang entlang, dann talwärts, bald scharf links und steil hinab zur Verkehrsstraße. Ihr folgen wir zu Tal, biegen vor der scharfen Linkskurve rechts ab und wandern auf steilem Fahrweg zur *Burg* hinauf.

Vor der Burg rechts in einen schmalen Pfad. Am Fuß der Burg entlang zu einem Aussichtspunkt (unmarkiert). Hier rechts und im Zick-Zack steil hinab zur *Pfarrkirche St. Michael* (12. Jh.) und den *Kreuzwegstationen* folgend in den Ort.

72 Von Bernkastel-Kues nach Traben-Trarbach

Verkehrsmöglichkeiten A 1 Ausfahrt Wittlich und weiter auf der B 50 oder B 327 (Hunsrückhöhenstraße) und über die westlich vom Stumpfen Turm abzweigende B 50. Bus- und Schiffsverbindung zwischen Ausgangs- und Zielort.
Parkmöglichkeiten Bei der Moselbrücke im Stadtteil Bernkastel.
Wegmarkierungen M (Moselhöhenweg) bis zur Eisernen Weinkarte, dann Wegweiser und T 6.
Tourenlänge 5 Kilometer.
Wanderzeit 1½ Stunden.
Höhenunterschiede 290 Höhenmeter.

Wanderkarte 1:50000 Die Mosel von Bernkastel-Kues bis Koblenz.

Wissenswertes Die beidseitig der Mosel gelegene Weinstadt *Traben-Trarbach* besticht durch schöne Fachwerkhäuser. Im Haus Böcking (um 1760) befindet sich das Mittelmosel-Museum. Über dem Stadtteil Traben liegen die freigelegten Überreste der französischen Festung *Mont Royal.* Sie wurde unter Ludwig XIV. von Vauban errichtet und war einst die größte französische Festung im Rheinland. Das Festungswerk *Graacher Schanzen* wurde 1794 von den Preußen gegen den Mont Royal errichtet, fiel aber sogleich in französische Hände.

Diese Streckenwanderung läßt sich gut mit einer rund zwei Stunden dauernden Schiffsfahrt von Trarbach nach Bernkastel kombinieren.

Bernkastel-Kues siehe Tour 46.

Variante Ab dem Wegweiser *Eiserne Weinkarte* auf der Höhe zwischen Bernkastel und Trarbach folgen wir weiter dem *Moselhöhenweg* (M). Die Wanderung velrängert sich um neun Kilometer.

Tourenbeschreibung Von der *Moselbrücke* an der *Tourist-Information* vorbei zum Restaurant *Altes Brauhaus,* rechts in die *Grabenstraße* (Wegweiser: Höhenweg Traben-Trarbach), links in den *Trarbacher Weg.* An der *Kapelle* rechts vorbei (M) und links haltend bergauf. An der Waldschenke *Zur Eisernen Weinkarte* geradewegs vorbei und steil bergauf durch den Wald auf

Bernkastel (Foto: Michael Klees)

N
Montroyal
Feriendorf
B 53
Kröv
Wolf
Leinert
Ruine
Wolfer Kloster
P
Kinheim
Weinberge
Kindel
Mosel
B 53
B 53
Moselhöhenweg
Waldschenke
Traben-
Wolfer Berg
Trarbach
Pferde-
kur
Hütte
Schule
Variante
Graach
Graacher
Schanzen
Graacher
Schäferei
P
Gräffsmühle
Gasthaus
Eiserne
Weinkarte
Ohlkirst
Mosel
Kapelle
Doktorberg
Kues
Bernkastel-Kues
0
1 km

die freie Höhe zur *Eisernen Weinkarte,* einem großen eisernen Wegweiser. Der *Moselhöhenweg* biegt scharf links ab und führt an der westlichen Ecke der Graacher Schanzen vorbei in weitem Bogen nach Trarbach. Halblinks führt ein Weg zur nördlichen Ecke der Graacher Schanzen. Wir halten uns geradeaus, wandern talwärts, halten uns dann rechts. Stets talwärs durch den Wald (T 6). Unser Wanderweg passiert eine *Schutzhütte* und schlängelt sich zur *Schule* am Ortsrand von *Trarbach* hinab.

73 Birkenfeld – Kronweiler – Frauenburg – Idar-Oberstein

Verkehrsmöglichkeiten A 62 Ausfahrt Birkenfeld und weiter auf der B 41. Busverbindung mit Idar-Oberstein.
Parkmöglichkeiten Talweiherplatz.
Wegmarkierungen N (Nahehöhenweg).
Tourenlänge 22 Kilometer. **Wanderzeit** 6 Stunden.
Höhenunterschiede 500 Höhenmeter.
Wanderkarte 1:25000 Wandergebiet Hochwald und 1:25000 Deutsche Edelsteinstraße.
Wissenswertes Diese ausgedehnte Tagestour führt zu Beginn auf bequemen Wirtschaftswegen durch die Flur zur Frauenburg, dann auf recht anspruchsvollen Pfaden über die Höhen am rechten Naheufer.

Die Kreisstadt *Birkenfeld* erhielt 1332 das Stadtrecht. Von der Burg, der ehemaligen Residenz der Herzöge von Pfalz-Zweibrücken-Birkenfeld und Stammburg der pfälzischen Wittelsbacher, sind nur noch geringe Ruinenreste erhalten. Von 1795 bis 1814 unterstand das Birkenfelder Land französischer Verwaltung. Von 1817 bis 1937 war Birkenfeld Hauptstadt der zum Großherzogtum Oldenburg gehörenden Exklave »Fürstentum Birkenfeld«. Die Kreisverwaltung hat ihren Sitz im klassizistischen Neuen Schloß (1819–21), dem ehemaligen Regierungssitz in der Oldenburger Zeit.

Das Museum des Vereins für Heimatkunde in der Friedrich-August-Straße, 1910 im Stil eines römischen Landhauses errichtet, zeigt neben einer volkskundlichen Ausstellung eine Sammlung vor- und frühgeschichtlicher Bodenfunde der Region.

Die *Frauenburg* wurde 1330 unter der jungen Witwe Loretta von Sponheim erbaut. 1328 gelang es der streitbaren Frau, den drohenden Kurfürst-Erzbischof Balduin von Trier zu entführen und für einen Monat auf der Starkenburg gefangen zu halten.

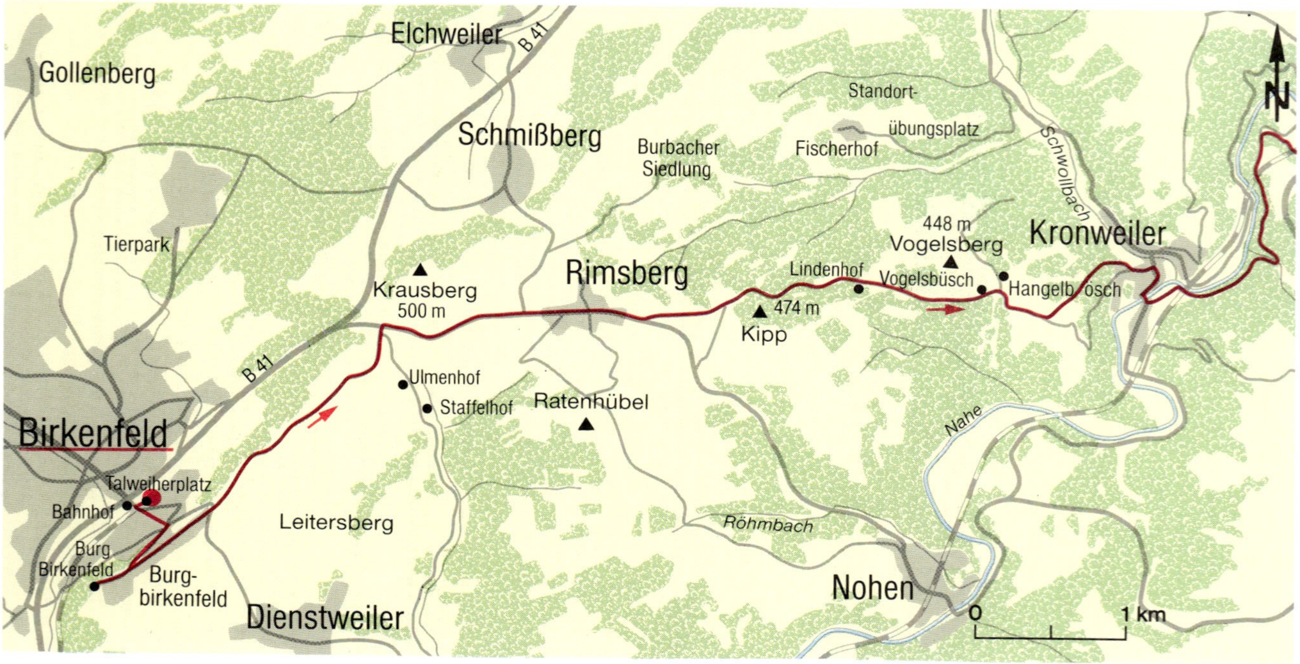
N
Gollenberg
Elchweiler
B 41
Schmißberg
Burbacher
Siedlung
Standort-
übungsplatz
Fischerhof
Schwollbach
Kronweiler
448 m
Vogelsberg
Tierpark
Krausberg
500 m
Rimsberg
Lindenhof
Vogelsbüsch
Hangelbüsch
474 m
Kipp
B 41
Ulmenhof
Staffelhof
Ratenhübel
Birkenfeld
Talweiherplatz
Bahnhof
Burg
Birkenfeld
Burg-
birkenfeld
Leitersberg
Röhmbach
Nahe
Nohen
Dienstweiler
0
1 km

Sie erreichte nicht nur die Zahlung eines hohen Lösegeldes, das ihr den Bau der Frauenburg ermöglichte, sondern auch die Lösung des über sie ausgesprochenen päpstlichen Bannes.

Idar-Oberstein siehe Tour 35.

Tourenbeschreibung Vom *Talweiherplatz* spazieren wir durch den kleinen *Park,* biegen links in die *Bahnhofstraße* ein, rechts in den *Sponheimerweg,* nach wenigen Metern links in den *Georg-Wilhelm-Steig,* queren den *Wittelsbacherweg,* biegen rechts in die *Burgstraße* ein und treffen auf der Höhe den *Rennweg.* Ein Abstecher nach rechts zur nahen *Burg Birkenfeld* bietet sich an.

Wir folgen dem *Rennweg* nach links, queren die nach Dienstweiler führende Straße, wandern auf breitem, asphaltiertem Wirtschaftsweg und biegen rechts in die nach Rimsberg führende Verkehrsstraße ein. Hinter dem Ortsausgang von *Rimsberg* biegen wir links ab, wandern durch die Flur in den Wald und passieren den *Lindenhof.* Weiter durch die Flur und an der Gabelung hinter *Vogelsbüsch* rechts. Bald schwenken wir links in einen Feldweg ein, erreichen *Kronweiler* auf dem *Fombachweg,* wandern talwärts in den Ort, biegen rechts in die *Hauptstraße* ein, queren die *Nahe* und biegen hinter der *Brücke* links ab.

Wir unterqueren die *Bahnlinie.* Der Weg folgt dem Lauf der Nahe, zieht in den Wald hinein, quert den *Reibertsbach,* läuft hoch über dem Tal, quert einen Asphaltweg und führt wieder zur Nahe hinab. Zur Rechten sehen wir bereits unser nächstes Ziel, die Frauenburg. – Wir biegen rechts in die *Bahnhofstraße* ein, biegen vor der *Nahebrücke* gleich wieder rechts ab und wandern unter den Straßenbrücken hindurch zur *Frauenburg.* Auf schmalem Pfad entfernen wir uns von der *Frauenburg,* überschreiten den *Ellerbach* und folgen einem befestigten Zufluß bergauf zur Verkehrsstraße, die wir links haltend queren.

Wir beginnen nun die Umrundung des *Nahekopfes.* Er trägt die Reste eines keltischen Walles. Wir wandern bergauf am Berghang entlang in den Wald und biegen bald scharf rechts ab. Weiter bergauf. Auf der Anhöhe biegen wir links ab und wandern weiter am Berghang entlang. Bei einer *Ruhebank* zieht unser Weg scharf nach rechts und bald zu Tal. Hinter der scharfen Rechtskurve des Weges gehen wir links in einen Querweg hinein, dann links in einen Fahrweg, biegen bald rechts ab, wandern durch dunklen Fichtenwald und erreichen eine *Schutzhütte.*

Bei der *Schutzhütte* folgen wir dem Forstweg nach rechts. Er zieht gleich in eine scharfe Linksurve und führt nach *Frauenberg.* Rechts in die Straße *Im Oberen Forst,* am *Wasserbehälter* vorbei in die Flur, an folgender Gabelung links, an nächster Gabelung ebenfalls links und zu Tal. Der Wanderweg führt am nördlichen Ortsrand in den Wald. Kurz vor Erreichen der Verkehrsstraße biegen wir rechts ab, wandern am Berghang entlang, folgen der scharfen Linkskurve des Weges talwärts zur Verkehrsstraße hinab. Wir begleiten sie ein kurzes Wegstück bergab, biegen dann rechts in einen schmalen Pfad ein. Steil bergauf zur *Schutzhütte.* Rechts und über die Höhe zum ersten Haus am Ortsrand von *Hammerstein.* Hier rechts und auf asphaltiertem Wirtschaftsweg durch die Flur über den *Radeberg.* Wir halten uns geradeaus, wandern nach *Idar-Oberstein* hinein und über die *Hasbacherstraße* geradewegs zum *Bahnhof.*

74 Sobernheim – Disibodenberg – Bad Münster am Stein-Ebernburg

Verkehrsmöglichkeiten Sobernheim liegt an der B 41 im Nahetal. Bahnstation der Linie Saarbrücken – Mainz. Busverbindung mit Bad Münster am Stein. Wir berühren viele Ortschaften und können die Rückfahrt auch vor Erreichen des Tageszieles antreten.
Parkmöglichkeiten Am Bahnhof.
Wegmarkierungen Symbol einer Weintraube (Weinwanderweg Nahe) bis Anschluß roter Balken. Aufstieg zum Disibodenberg: blauer Balken.
Tourenlänge 24 Kilometer.
Wanderzeit 7 Stunden.
Höhenunterschiede 300 Meter.
Wanderkarte 1:50000 Der Soonwald.
Wissenswertes Das Heilbad *Sobernheim* ist bekannt für die von Pastor Felke eingeführten Lehmkuren (1856–1926). Die Stadt besitzt eine in ganz Deutschland einmalige Attraktion, den Barfußpfad. Der drei Kilometer lange Rundweg beginnt am Quellenpavillon. Mit bloßen Füßen wandert man über Gras und mit Materialien wie Kies und Rindenstücken präparierte Teilstrecken, watet bei Staudernheim durch eine Furt der Nahe und setzt wieder beim Campingplatz mit einem Nachen ans andere Ufer über. Der Weg ist nicht zu verfehlen. Im Nachtigallental

Das Rathaus Hasselbach im Freilichtmuseum Sobernheim (Foto: Heinz Wittner)

Wegekapelle Linz-Ockenfels im Freilichtmuseum Sobernheim (Foto: H. Wittner)

befindet sich das Freilichtmuseum des Landes Rheinland-Pfalz. Charakteristische Bauwerke aus den verschiedenen Regionen des Landes wurden an ihren alten Standorten abgebrochen und hier wieder aufgebaut.

Auf dem *Disibodenberg* wurde zur Frühzeit der »Heidenbekehrung« von dem irischen Missionar Disibod (gest. 8. 9. 674) ein Kloster gegründet, vermutlich eine bescheidene Hütte. Im Laufe der Jahrhunderte folgten verschiedene Bauten. Während des pfälzischen Erbfolgekrieges wurde das Kloster zerstört. Hier wirkte die heilige Hildegard von Bingen. Von Papst Eugen III. wurde ihr 1148 das »Sehen« bestätigt. Sie wurde zu einer wichtigen Ratsperson kirchlicher und weltlicher Würdenträger. Die von ihr begründete Hildegardmedizin verschaffte ihr den Ruf einer ersten deutschen Ärztin. Heute befindet sich auf dem Disibodenberg das Frhrl. v. Racknitz'sche Wein- und Obstgut. Im Gutshof befindet sich ein kleines Museum.

Bad Münster am Stein-Ebernburg, bekannt für Radonkuren und Solebäder; besticht durch schöne Gebäude, darunter die Kurverwaltung, ein Fachwerkhaus von 1781, das Kurmittelhaus (1911) und das Fischerhäuschen aus dem 18. Jahrhundert. Über dem Ort herrscht der mächtige Rheingrafenstein mit der Burgruine der einstigen Herren von Stein, denen im 12. Jahrhundert das Erbe der Rheingrafen zufiel. Die Burg wurde 1688 zerstört und in den achtziger Jahren unseres Jahrhunderts restauriert. Wahrzeichen des Stadtteiles Ebernburg ist die Ebernburg (1209). Hier wurde Franz von Sickingen geboren (1481–1523).

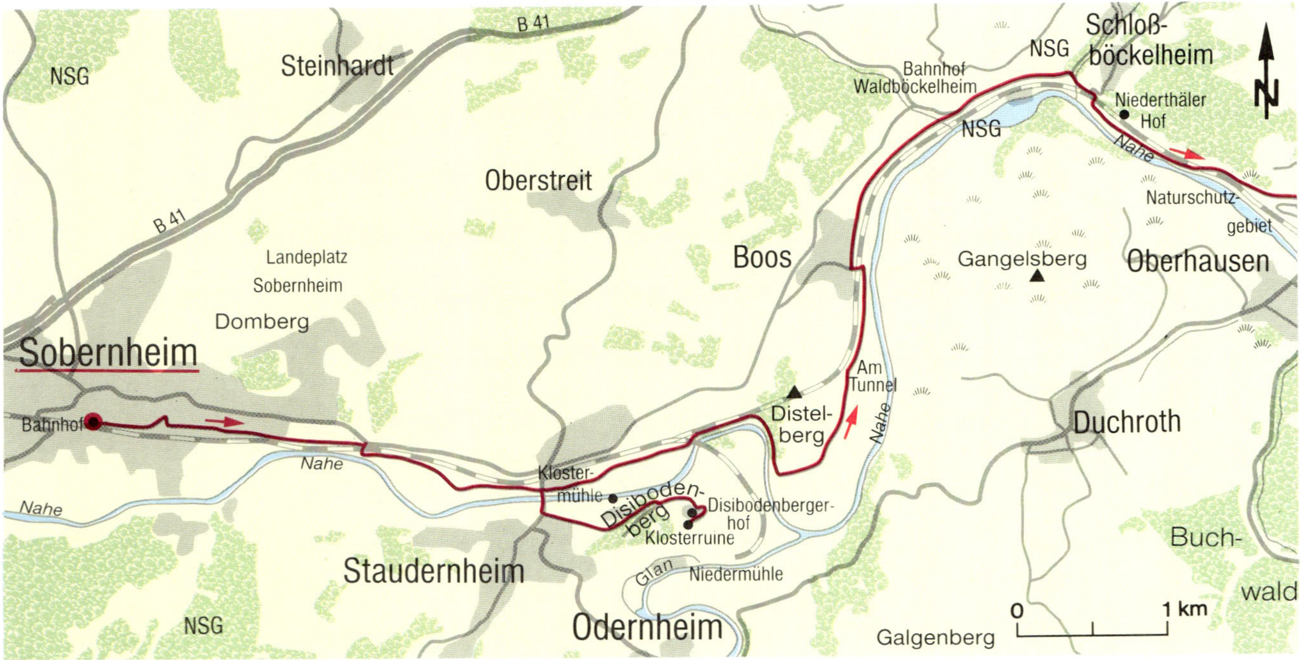

NSG
Steinhardt
B 41
Oberstreit
B 41
Landeplatz
Sobernheim
Domberg
Sobernheim
Bahnhof
Nahe
Nahe
Staudernheim
NSG
Odernheim
Kloster-
mühle
Disiboden-
berg
Disibodenberger-
hof
Klosterruine
Glan
Niedermühle
Boos
Distel-
berg
Am
Tunnel
Nahe
Bahnhof
Waldböckelheim
NSG
NSG
Schloß-
böckelheim
Niederthäler
Hof
Nahe
Naturschutz-
gebiet
Gangelsberg
Oberhausen
Duchroth
Buch-
wald
Galgenberg
0
1 km
N

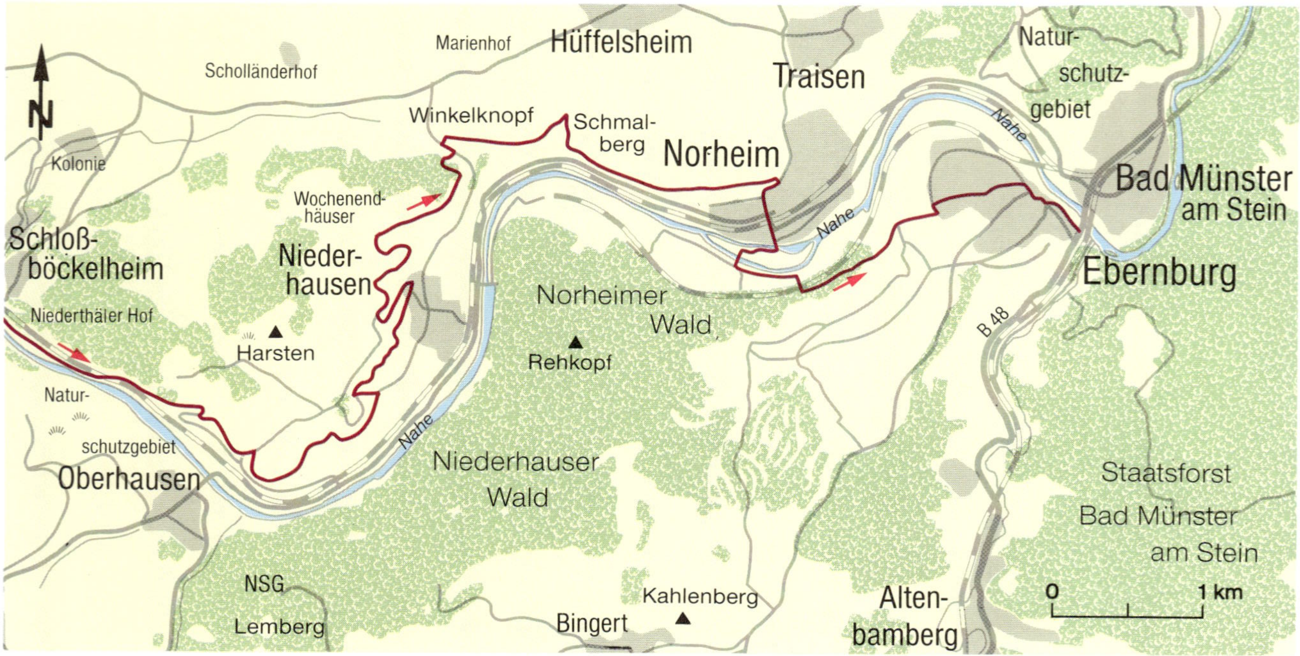
N
Marienhof
Hüffelsheim
Schollländerhof
Traisen
Natur-
schutz-
gebiet
Winkelknopf
Schmal-
berg
Norheim
Nahe
Kolonie
Bad Münster
am Stein
Wochenend-
häuser
Schloß-
böckelheim
Nieder-
hausen
Ebernburg
Norheimer
Wald
Niederthäler Hof
Harsten
Rehkopf
B 48
Natur-
schutzgebiet
Oberhausen
Niederhauser
Wald
Staatsforst
Bad Münster
am Stein
NSG
Lemberg
Bingert
Kahlenberg
Alten-
bamberg
0
1 km

Er gewährte bekannten Reformatoren Unterschlupf. Die Burg wurde so als »Herberge zur Gerechtigkeit« bekannt.

Tourenbeschreibung Aus dem *Bahnhof* tretend wenden wir uns nach rechts, folgen der *Bahnhofstraße,* biegen rechts in die *Felkestraße,* gleich links in die Straße *Münchwiesen* ein und wandern zum *Quellenpavillon.* Der Wanderweg folgt nun der *Bahnlinie* und erreicht die Flur. In *Staudernheim* queren wir die nach Odernheim führende Straße.

Wanderer, die den *Disibodenberg* besuchen wollen, biegen hier rechts ab, überqueren die Nahe und biegen nach einem kurzen Wegstück links ab (blauer Balken).

Der *Naheweinweg* jedoch folgt weiter dem Lauf der Bahnlinie. Bald unterqueren wir die Eisenbahnstrecke und wandern am Fuß des Distelberges entlang, queren bei *Boos* wieder die Eisenbahnstrecke und biegen rechts ab. Bei Schloßböckelheim queren wir die Gleise, wandern auf einem Fahrweg am *Niederthäler Hof* vorbei, dann durch die Weinberge zum westlichen Ortsrand von *Niederhausen.* Weiter durch die Weinberge nach *Norheim.* Hier verlassen wir den Weinwanderweg, durchqueren den Ort, überqueren die zwei Arme der *Nahe* (roter Balken) und biegen links ab nach *Bad Münster am Stein-Ebernburg.*

An der Nahe bei Bad Münster am Stein (Foto: Klaus Puntschuh)

Auf römischen Spuren von Bingen nach Trier

Im Jahr 368 nach Christus reiste der römische Dichter Decimus Magnus Ausonius auf der imperialen römischen Heerstraße von Bingen nach Trier, der damaligen Kaiserresidenz Augusta Treverorum. Obwohl er den Hunsrück in seinem berühmt gewordenen Epos »Mosella« recht stiefmütterlich behandelte, hat man die alte Römerstraße nach ihm benannt. Die Ausoniusstraße ist auf einigen Abschnitten noch deutlich zu erkennen. Sie folgt den östlichen Höhenzügen und gabelt sich bei Elzerath. Ausonius, der mit der Pferdekutsche reiste, wählte vermutlich den über Neumagen führenden nördlichen Zweig. Wir erkunden die zum Wandern angenehmere Route über Fell nach Trier.

Die erheblichen landschaftlichen Veränderungen der vergangenen Jahrhunderte zwingen zu etlichen Abweichungen von der Originalroute. Sie ist in der Karte punktiert dargestellt. Die Strecke ist zum großen Teil unmarkiert und erfordert etwas Wegsuche und Aufmerksamkeit.

75 Von Bingen nach Rheinböllen

Verkehrsmöglichkeiten A 61 Ausfahrt Bingen. Sehr guter Bahnanschluß in alle Richtungen. Busverbindung mit Rheinböllen, Simmern, Kirchberg und Trier.
Parkmöglichkeiten Im Ort.
Wegmarkierungen Keine durchgehende Markierung.
Tourenlänge 20 Kilometer. **Wanderzeit** 6 Stunden.
Höhenunterschiede 570 Höhenmeter.
Wanderkarte 1:50000 Der Soonwald.
Wissenswertes *Bingen* liegt beiderseits der Mündung der Nahe in den Rhein. Der Ort entstand aus dem römischen Kastell »Binginium«. Am linken Naheufer liegt der Ortsteil Bingerbrück. Er ist mit Bingen durch die Drususbrücke verbunden. In einem Brückenpfeiler befindet sich eine der ältesten Brückenkapellen Deutschlands. Die stillgelegte *Manganerzgrube Amalienhöhe* zählt zu den schönsten Bergwerken Europas. Die Gebäude wurden 1917/18 in neuklassizistischem Stil angelegt.
Tourenbeschreibung Wir überschreiten die *Drususbrücke,* queren die B 48, unterqueren die Eisenbahnstrecke und biegen in die *Mühestraße* ein. Wir lassen die letzten Häuser hinter uns, wandern bergauf durch das schattige *Mühetal,* halten uns bei der

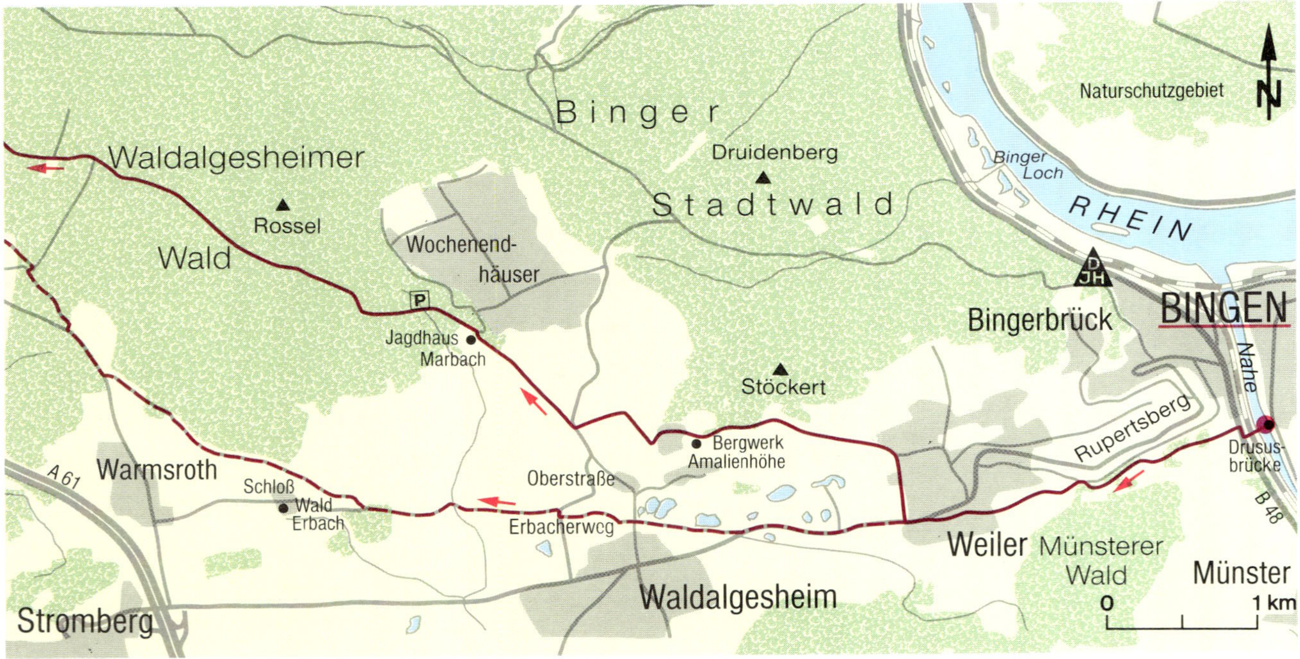
Naturschutzgebiet
N
Binger
Stadtwald
Druidenberg
Binger Loch
RHEIN
BINGEN
Bingerbrück
Nahe
Waldalgesheimer
Wald
Rossel
Wochenend-
häuser
P
Jagdhaus
Marbach
Stöckert
Rupertsberg
Drusus-
brücke
B 48
Bergwerk
Amalienhöhe
Oberstraße
Erbacherweg
Warmsroth
A 61
Schloß
Wald
Erbach
Weiler
Münsterer
Wald
Münster
Waldalgesheim
Stromberg
0
1 km

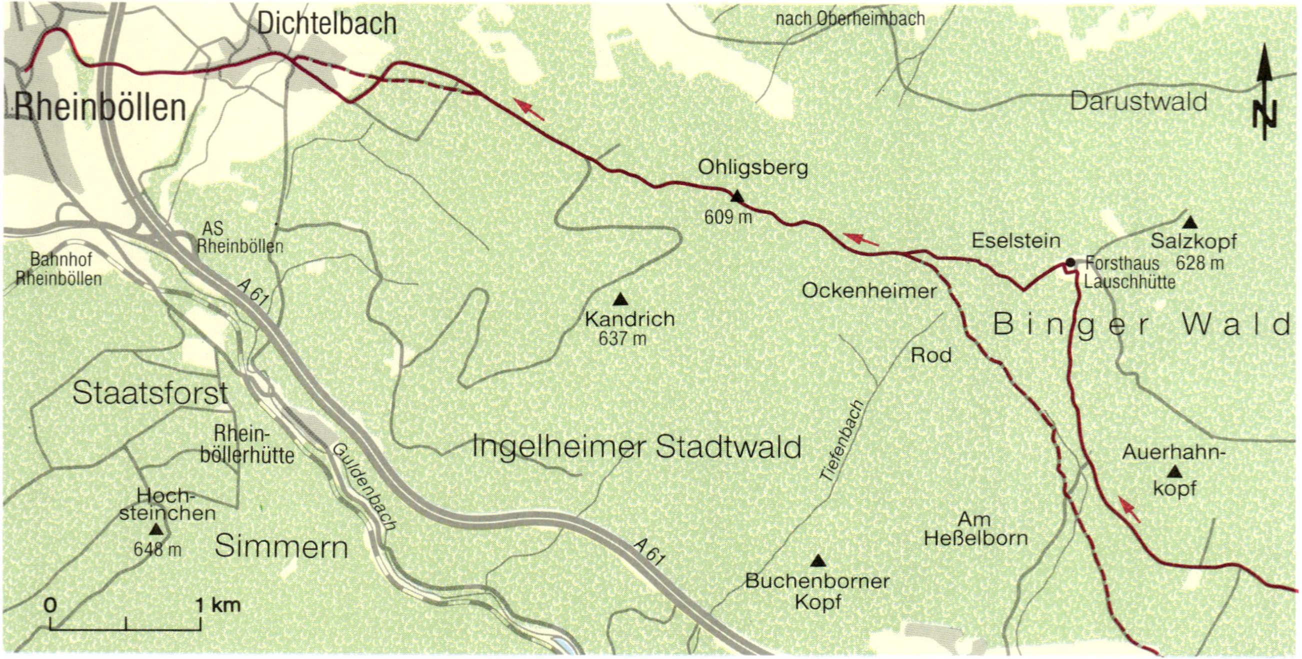

Dichtelbach
nach Oberheimbach
Rheinböllen
Darustwald
Ohligsberg
609 m
AS
Rheinböllen
Bahnhof
Rheinböllen
A 61
Eselstein
Salzkopf
628 m
Forsthaus
Lauschhütte
Ockenheimer
Kandrich
637 m
Binger Wald
Rod
Staatsforst
Rhein-
böllerhütte
Guldenbach
Ingelheimer Stadtwald
Tiefenbach
Auerhahn-
kopf
Hoch-
steinchen
648 m
Simmern
Am
Heßelborn
A 61
Buchenborner
Kopf
0
1 km

Gabelung links und treffen vor *Weiler* auf einen breiten Fahrweg. Hier links und am westlichen Ortsrand entlang. Wir passieren den *Friedhof,* biegen links in die Durchfahrtsstraße ein und am Ortsende rechts ab. Wir folgen nun der Kreisstraße, passieren die *Rhein-Nahe-Halle* und erreichen das *Bergwerk Amalienhöhe.* Weiter der Kreisstraße folgend ins Tal. Wir queren die nach Waldalgesheim führende Straße und biegen beim *Wegkreuz* in die *Waldstraße* ein. Beim *Jagdhaus Marbach* biegen wir in der scharfen Rechtskurve (beim Verkehrsspiegel) links in den *Sandweg* ein. Wir passieren die *Elisabethquelle,* queren den *Nahehöhenweg* und erreichen eine *Hochspannungsleitung,* der wir bis zur Kurve einer Verkehrsstraße folgen. Wir behalten unsere bisherige Richtung bei und wandern entlang der Straße zum *Forsthaus Lauschhütte.* Hier links (R), an der kommenden Gabelung rechts und an der darauf folgenden Gabelung links. Wir unterqueren die bekannte *Hochspannungsleitung* und erreichen eine Gabelung vor dem Ohligsberg. Links (R) halten und über den *Ohligsberg* (609 m) hinab zu einer Militärstraße. Sie führt etwa einen Kilometer geradeaus, zieht dann nach links und erreicht *Dichtelbach.* Der kürzeste Weg nach *Rheinböllen* führt entlang der *Rheinböllener Straße.* Wer den Verkehr meiden will, wandert an der Römerhalle vorbei zur alten Straße Bacharach – Rheinböllen.

76 Rheinböllen – Simmern – Kirchberg

Verkehrsmöglichkeiten A 61 Ausfahrt Rheinböllen. Busverbindung mit Simmern, Kirchberg, Bingen und Trier.
Parkmöglichkeiten Im Ort.
Wegmarkierungen Keine durchgehende Markierung.
Tourenlänge 21 Kilometer. **Wanderzeit** 6 Stunden.
Höhenunterschiede 200 Höhenmeter.
Wanderkarte 1:50000 Der Soonwald.
Wissenswertes *Rheinböllen* wurde erstmals 1309 erwähnt. Von den alten Bauwerken ist nichts erhalten. Die evangelische und die katholische Kirche sowie das Rathaus stammen aus dem 19. Jahrhundert. Bereits 891 wurde bei Rheinböllen Eisen verarbeitet. Die in der Rheinböllener Hütte im 19. Jahrhundert unter Puricelli hergestellten Öfen und kunsthandwerklichen Erzeugnisse sind heute Museumsstücke und gesuchte Antiquitäten. *Simmern* siehe Tour 14.

Rheinböllen
Kirche
Rheinböller
Wald
Pleizenhausen
N
Mörschbach
Waldsiedlung
Römerstraße
Heideweg
Hahnen-
kammer
Reithalle
Klein-
weidelbach
Lindenhof
B 50
Bf. Rheinböllen
Wahlbach
Wahlbach
Wendelinushof
Altweidelbach
Hauch
Wasser-
behälter
Schnorbach
Neubrühlbach
Ellern
Staatsforst
Simmern
Mutterschied
Argenthal
B 50
0
1 km

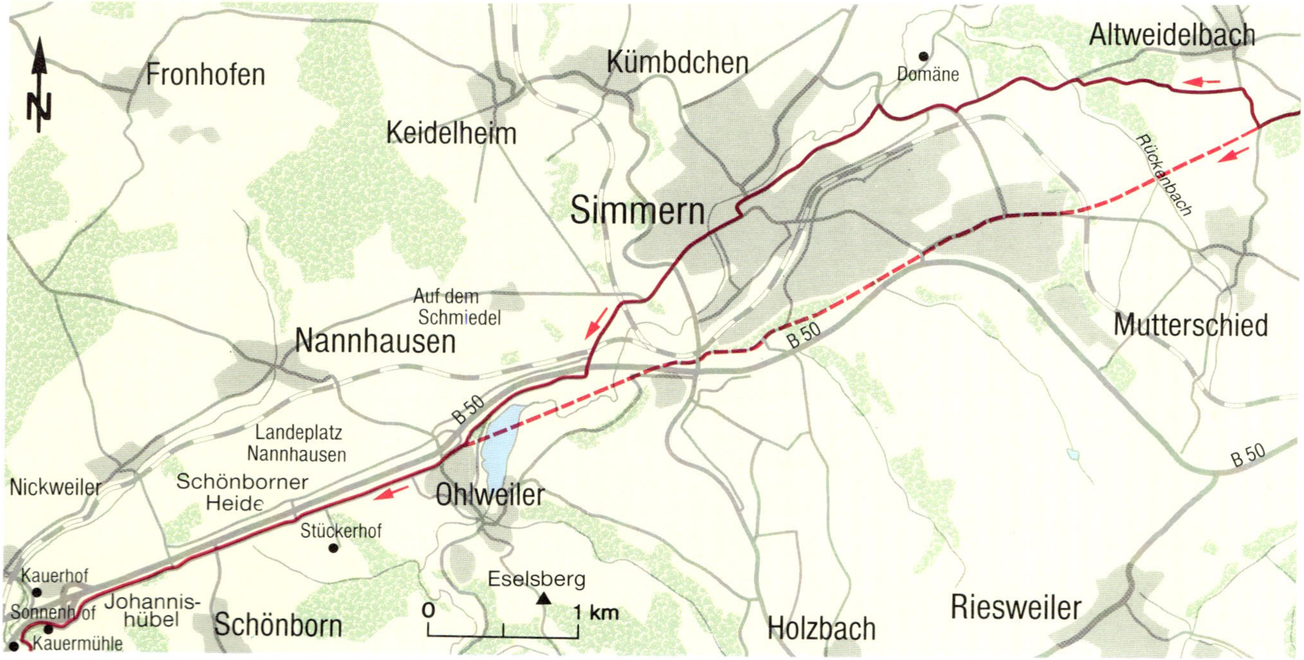
N
Fronhofen
Kümbdchen
Keidelheim
Altweidelbach
Domäne
Simmern
Rückenbach
Auf dem Schmiedel
Nannhausen
Mutterschied
B 50
B 50
B 50
Landeplatz Nannhausen
Nickweiler
Schönborner Heide
Ohlweiler
Stückerhof
Kauerhof
Sonnenhof
Johannis-hübel
Kauermühle
Schönborn
Eselsberg
0
1 km
Holzbach
Riesweiler

Tourenbeschreibung Wir verlassen *Rheinböllen* entlang der nach Mörschbach führenden Straße, durchqueren die *Waldsiedlung Römerstraße* auf dem *Heideweg,* queren die Straße Mörschbach – Ellern und den Weg nach Schnorbach und erreichen beim *Wendelinushof* eine Verkehrsstraße. Wir folgen ihr ein kurzes Wegstück Richtung Wahlbach, biegen dann links ab und treffen auf die Straße Wahlbach – Altweidelbach. Ihr folgen wir bis ins Tal, wandern dann in bisheriger Richtung durch den Wald, queren die Straße Altweidelbach – Argenthal und erreichen die Straße Altweidelbach – Mutterschied. Wir folgen ihr etwa 200 Meter Richtung Altweidelbach, biegen dann links ab und wandern in westlicher Richtung zur Straße Altweidelbach – Simmern, der wir nach *Simmern* folgen. Wir durchwandern die Innenstadt und unterqueren die B 50 westlich vom Möbelwerk Felke. Wir wandern nun parallel zur B 50, passieren den alten Grabhügel *Johannishübel* und erreichen den *Sonnenhof.* Nun einen nördlichen Bogen schlagend zur *Kauermühle,* dann in einigem Abstand parallel zur alten B 50 am Waldrand entlang zur Straße nach Rödern. Wir folgen ihr bis zur Gabelung und biegen rechts ab. Auf asphaltiertem Weg am *Forsthaus Hallschied* und am *Eichhof* vorbei nach *Kirchberg.*

Der Schinderhannesturm in Simmern (Foto: Michael Klees)

77 Kirchberg – Liederbach – Horbruch

Verkehrsmöglichkeiten Kirchberg liegt am Schnittpunkt der B 421 mit der B 50. Busverbindung mit Horbruch, Morbach, Simmern, Bingen, Rheinböllen und Trier.
Parkmöglichkeiten Ortsmitte.
Wegmarkierungen Ohne Markierung bis Anschluß Weg VII, III, R.
Tourenlänge 15 Kilometer. **Wanderzeit** 5 Stunden.
Höhenunterschiede 150 Höhenmeter.
Wanderkarte 1:35000 Verbandsgemeinde Kirchberg.
Wissenswertes *Kirchbergs* Stadtteil Denzen wurde von Ausonius als Dumnissus erwähnt. Daran erinnert der Römerbrunnen, dessen Gestalt jedoch jüngeren Ursprungs ist. Bei Dill erreichen wir ein teilweise rekonstruiertes und mit vielen Erklärungstafeln versehenes Wegstück. Bei der Ausoniushütte wurde ein kleiner römischer »Spielplatz« mit Deltaspiel, Rund-Mühle und Nüssekullern eingerichtet. Beim Wachtturm, einer neu aufgebauten römischen Straßenstation, wurde ein Stück der alten Römerstraße nachgepflastert. Die Orte *Sohren* und *Niedersohren* am Rande unseres Weges haben ihren Namen vermutlich vom Volksstamm der donauländischen Sarmaten, die laut Ausonius hier angesiedelt wurden.

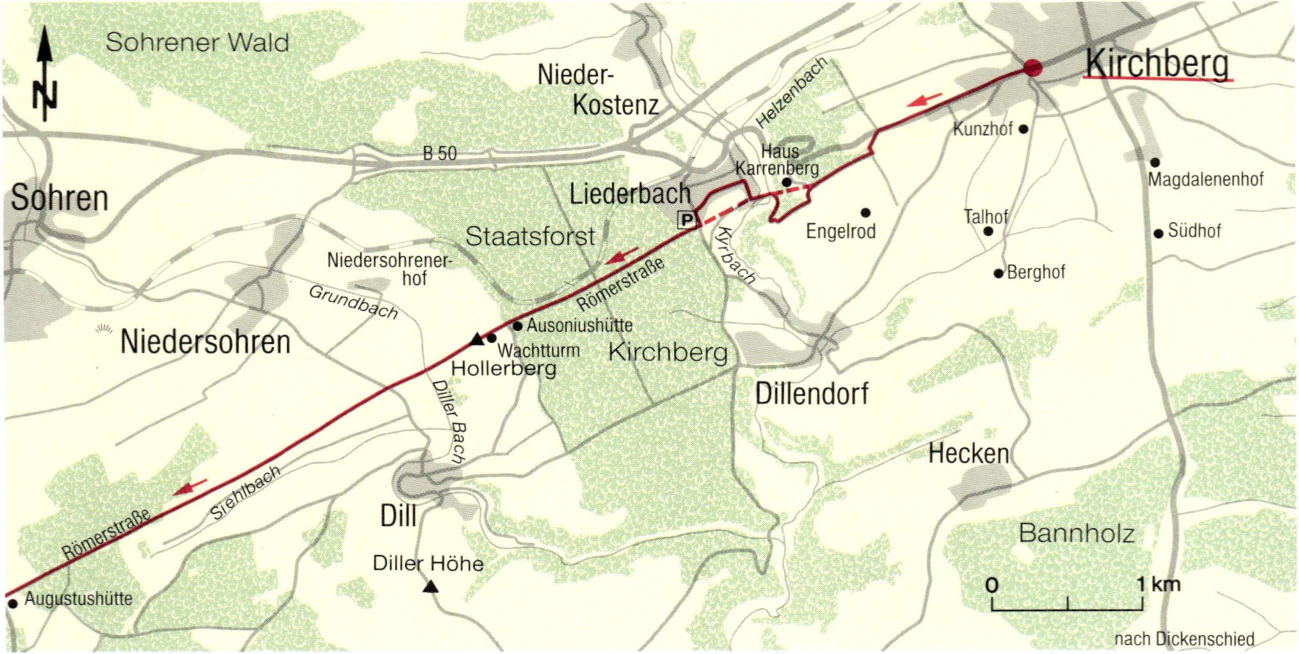

N
Sohrener Wald
Nieder-
Kostenz
B 50
Sohren
Liederbach
Helzenbach
Haus
Karrenberg
Kirchberg
Kunzhof
Magdalenenhof
Talhof
Südhof
Engelrod
Berghof
P
Staatsforst
Kyrbach
Niedersohrener-
hof
Römerstraße
Grundbach
Ausoniushütte
Wachtturm
Hollerberg
Kirchberg
Niedersohren
Dillendorf
Diller Bach
Hecken
Siehlbach
Dill
Bannholz
Römerstraße
Diller Höhe
0
1 km
Augustushütte
nach Dickenschied

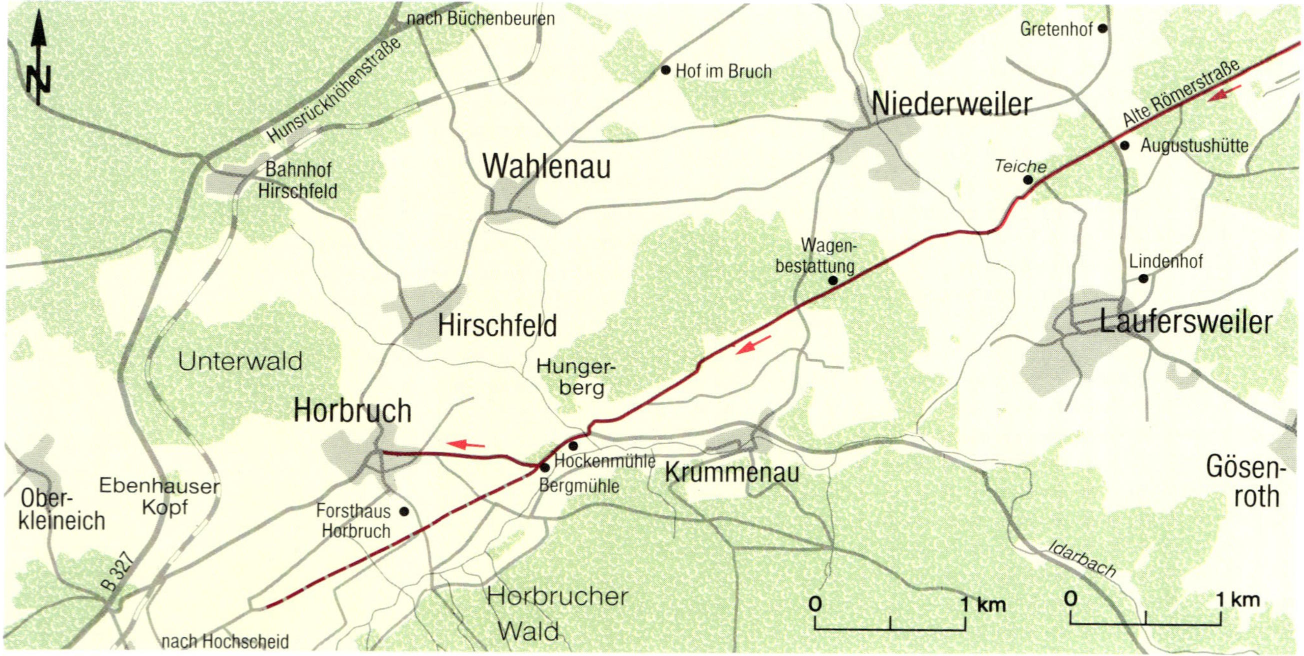

N
nach Büchenbeuren
Hunsrückhöhenstraße
Hof im Bruch
Gretenhof
Niederweiler
Alte Römerstraße
Augustushütte
Teiche
Bahnhof Hirschfeld
Wahlenau
Wagen-bestattung
Lindenhof
Laufersweiler
Hirschfeld
Unterwald
Hunger-berg
Horbruch
Hockenmühle
Bergmühle
Krummenau
Gösen-roth
Ober-kleineich
Ebenhauser Kopf
Forsthaus Horbruch
Idarbach
B 327
Horbrucher Wald
nach Hochscheid
0
1 km
0
1 km

Tourenbeschreibung Wir verlassen *Kirchberg* entlang der nach Liederbach führenden Straße, passieren die *Straßenmeisterei* und biegen am Waldrand links ab. Am Waldrand entlang bis ins Waldeck. Hier links, gleich rechts und weiter am Waldrand entlang. Der Weg zieht nach rechts. Nun vom Acker weg ins Wäldchen und rechts zu Tal (Weg VII Richtung Oberkostenz). Wir queren den *Kyrbach* und wandern über die *Römerstraße* nach *Liederbach* hinein. Rechts in die *Beethovenstraße,* links in die *Mozartstraße* (Weg Nr. III, Wegweiser: Alte Römerstraße), links in die Verkehrsstraße Richtung Dillendorf. Nach etwa 150 Metern rechts (R). Nun stets geradeaus. Wir passieren die *Ausoniushütte,* gleich darauf den rekonstruierten *Wachtturm.* Wir queren die Verkehrsstraße Dill – Niedersohren, passieren dann nach etwa drei Kilometern die *Augustushütte* und queren die Verkehrsstraße Laufersweiler – Büchenbeuren. Unser Wanderweg verengt sich zu einem Pfad und führt hinab ins *Hirschbachtal.* An Teichen vorbei, etwa 100 Meter an Wiesengelände entlang, dann wieder links in den Wald. Talwärts und ein großes Wiesengelände querend wieder in den Wald. Die Römerstraße, nun erkennbar als hoher Damm, führt an einer *Wagenbestattung* vorbei. Wir queren die nach Krummenau führende Straße und wandern am Waldrand entlang zur Verkehrsstraße Krummenau – Horbruch. Hier rechts nach *Horbruch.*

78 Horbruch – Haag – Gräfendhron

Verkehrsmöglichkeiten B 328/B 50 bis Hochscheid und weiter auf der Landstraße. Busverbindung mit Morbach, Kirchberg, Simmern und Bernkastel-Kues.
Parkmöglichkeiten Im Ort.
Wegmarkierungen Keine durchgehende Markierung.
Tourenlänge 22 Kilometer.
Wanderzeit 6 Stunden.
Höhenunterschiede 200 Höhenmeter.
Wanderkarte 1:25000 Wandergebiet Morbach und 1:25000 Hermeskeil.
Wissenswertes *Stumpfer Turm* und *Belginum* siehe Tour 50, *Graue Ley* und *Heidenpütz* siehe Tour 51.
Tourenbeschreibung Wir verlassen *Horbruch* Richtung Forsthaus/Marienmühle und biegen am Ortsende rechts in einen asphaltierten Wirtschaftsweg ein (H 4). Geradewegs nach *Hoch-*

Kirchberg (Foto: Michael Klees)

N
Horbruch
Forsthaus Horbruch
Emmerichsmühle
Ebenhauser Kopf
Kleinich
Götzeroth
Oberkleinich
Kommen
Götzerother Heide
Ilsbach
Trabener Bach
Horbrucher Wald
Alte Römerstraße
B 327
Hochscheid
Rastplatz
Hochgerichtsheide
Hochscheider Heide
Kleinicher Berg
Halsterhöhe 601 m
Wederather Heide
Wederath
Hunsrückhöhenstraße
Stumpfer Turm
Staatsforst Rhaunen
An der Zolleiche
Römergrab
B 50
Langert
0
1 km

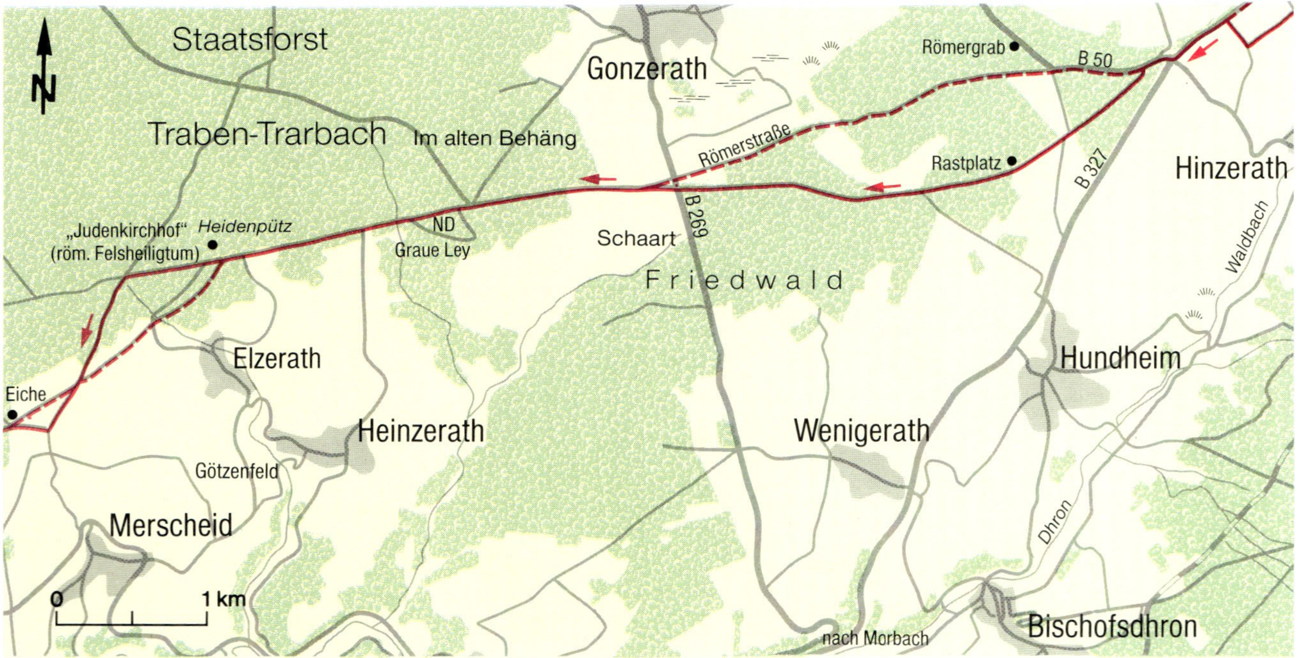
Staatsforst
Traben-Trarbach
Im alten Behäng
Gonzerath
Römergrab
B 50
Römerstraße
Rastplatz
B 327
Hinzerath
Waldbach
„Judenkirchhof“
(röm. Felsheiligtum)
Heidenpütz
ND
Graue Ley
Schaart
B 269
F r i e d w a l d
Hundheim
Elzerath
Eiche
Heinzerath
Wenigerath
Götzenfeld
Dhron
Merscheid
0
1 km
nach Morbach
Bischofsdhron

scheid, über die *Römerstraße* aus dem Ort zu einem *Rastplatz.* Hier überqueren wir die *Gleise* und folgen dem Schienenstrang etwa 1½ Kilometer nach links. Vor seiner Linkskurve biegen wir rechts ab, nach einem kurzen Wegstück wieder links, halten uns nun etwa 1½ Kilometer geradeaus und wandern dann durch die Flur zum *Stumpfen Turm* an der *Hunsrückhöhenstraße* hinauf. Jenseits der Straße liegt das keltisch-römische Gräberfeld Wederath-Belginum. Etwa 500 Meter westlich vom Stumpfen Turm zweigt die *B 50* ab. Wir folgen ihr etwa 100 Meter, biegen dann links in einen breiten Forstweg ein (unmarkiert), halten uns geradeaus und treffen nach etwa einem Kilometer bei einem *Rastplatz* auf Weg 65. Weg 65 biegt kurz vor der B 269 rechts ab. Wir queren die B 269 und wandern stets geradeaus entlang der Landstraße Richtung Veldenz. Wir passieren den links im Wald liegenden Felsen Graue Ley, Heidenpütz mit dem »Judenkirchhof« und die Abzweigung nach Elzerath. Nun endet der Asphaltbelag. Nach etwa 500 Metern gabelt sich die Römerstraße. Beide Straßen führen nach Trier. Die südliche wählend, biegen wir links ab (H, A), treffen auf einen breiten Weg und halten uns geradeaus. Auf einem Asphaltweg in die Flur und talwärts zu einer Wegkreuzung. Hier rechts (81, Richtung Sportplatz). An der Gabelung am Waldrand bei einer alten *Eiche*

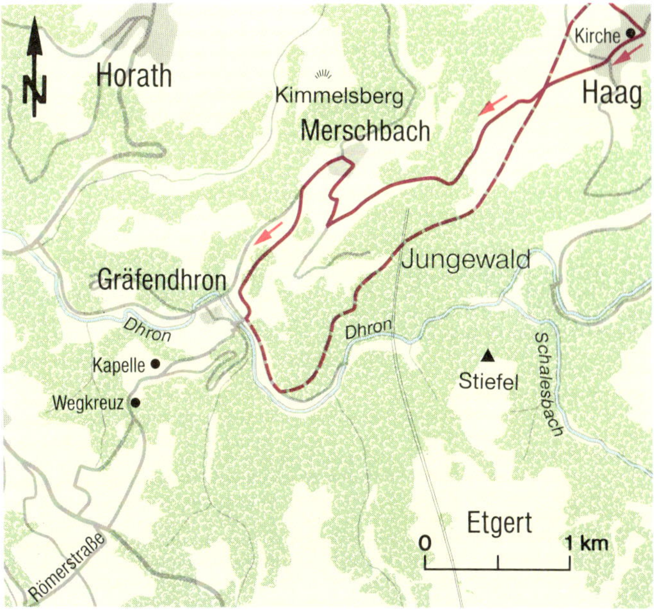

links. An folgender Gabelung links (unmarkiert). Wir folgen dem breiten Forstweg. Aus dem Wald zur Kreuzung auf der Höhe. Weiter geradeaus (86) und zur Verkehrsstraße. Wir folgen ihr etwa 100 Meter nach links, biegen dann rechts ab. Am *Tonnkopf,* einem einst großen Hügelgrab vorbei und der Asphaltstraße folgend, links hinab nach *Haag.* An der *Kirche* vorbei, rechts ab (85), geradeaus (85 biegt bald links ab), auf dem Fahrweg nach *Merschbach* und Weg G 1 folgend nach *Gräfendhron.*

79 Gräfendhron – Büdlicherbrück – Fell

Verkehrsmöglichkeiten B 327 bis Thalfang und weiter über Gielert und Berglicht.
Parkmöglichkeiten Im Ortskern bei der Wandertafel.
Wegmarkierungen Keine durchgehende Markierung, teilweise R und Schilder Römerstraße.
Tourenlänge 19 Kilometer.
Wanderzeit 6 Stunden.
Höhenunterschiede 450 Höhenmeter.
Wanderkarte 1:25000 Hermeskeil und 1:25000 Verbandsgemeinde Schweich, An der Römischen Weinstraße.
Tourenbeschreibung Unweit der *Kirche* zweigt bei einem *Wegkreuz* der nach Berglicht führende Wirtschaftweg ab (unmarkiert). In seiner zweiten Kurve biegen wir rechts ab, wandern durch ein Waldstück, queren einen Weg, überqueren eine Wiese, passieren eine verfallene *Kapelle* und treffen wieder auf den nach Berglicht führenden Weg. Wir folgen ihm bergauf und an einem *Wegkreuz* vorbei in den Wald. Bald an Wiesengelände entlang. Der Weg zieht nach rechts in die freie Flur auf Berglicht zu. Nun biegen wir links ab und wandern zur Verkehrsstraße hinauf. Ihr folgen wir nach links. Etwa 100 Meter vor dem ausgeschilderten, zum Erdaushublager führenden Weg, biegen wir rechts ab, halten uns kurz links, wandern dann durch die freie Flur auf eine freistehende *Baumgruppe* zu. Dort treffen wir wieder auf die *Römerstraße.* Wir queren einen Wirtschaftsweg und halten uns geradeaus (Th 2). Bald an Wiesengelände entlang in den Wald zu einer Kreuzung mit Wegweisern. Wir bleiben nun stets auf dem breiten Weg, queren einen Asphaltweg und erreichen beim *Hof Waldeck* die Verkehrsstraße nach Breit. Wir folgen ihr bis zu einem *Wegkreuz,* wandern weiter auf asphaltiertem Wirtschaftsweg, dann rechts hinauf und an der weithin sichtbaren *Baumgruppe* mit einer alten *Eiche* vorbei. Am folgenden Querweg rechts. Nach einem kurzen Wegstück links und zum sichtbaren *Sportplatz* in der vor uns liegenden Waldecke. Wir wandern am *Sportplatz* rechts vorbei, dann ein kurzes Wegstück rechts talwärts. Am Querweg links, an folgender Gabelung rechts und in den Wald (R). Auf schmalem Pfad steil ins Tal (auf die Markierungen an den Bäumen achten). Zweimal queren wir einen breiten Weg. An der *Schneidemühle* vorbei und über die *Kleine Dhron* nach *Büdlicherbrück.*

Wir folgen der Verkehrsstraße Richtung Trier bis zum *Hotel Zur Post,* steigen dann links auf schmalem Pfad den Hang hin-

N
Gräfendhron
Dhron
Kapelle
Wegkreuz
Berglicht
Heidenburg
Kleine Dhron
Büdlich
Breit
Brucher Bach
Baumgruppe
Mohrbach
Berger Wacken ND
Römerstraße
Hof Waldeck
Im alten Stiefel
Haardtwald
Büdlicher-brück
Schneidemühle
Eiche
Sportplatz
Krethenberg
Wegkreuz
Römerstraße
Unter-naurath
Naurath
Nothscheider Bach
Schönberg
Talling
0
1 km

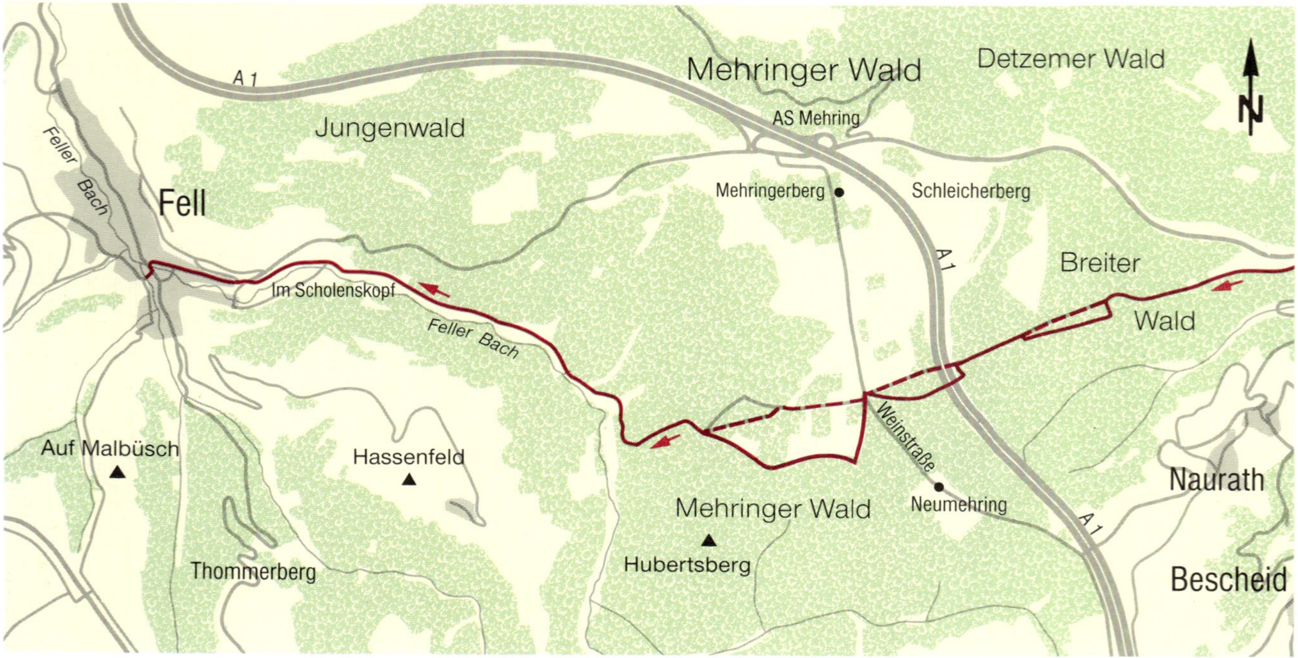
Mehringer Wald
Detzemer Wald
N
A 1
Jungenwald
AS Mehring
Feller Bach
Fell
Mehringerberg
Schleicherberg
A 1
Breiter Wald
Im Scholenskopf
Feller Bach
Weinstraße
Auf Malbüsch
Hassenfeld
Naurath
Mehringer Wald
Neumehring
A 1
Hubertsberg
Thommerberg
Bescheid

auf und biegen links in einen Waldweg ein. Seiner scharfen Rechtskurve folgend in den Wald. Der Weg steigt an (unmarkiert) und führt zu einem breiten Querweg hinauf. Hier links, nach etwa 100 Metern rechts. Nun geradeaus. Auf der Höhe zieht der Weg bei einer Kreuzung in eine gespiegelte S-Kurve und führt zur *Autobahn,* die wir überqueren. Wenig später queren wir die *Weinstraße* und biegen links ab. Etwa 500 Meter am Waldrand entlang zu einer Kreuzung. Wir biegen rechts ab, wandern weitere 500 Meter am Waldrand entlang zur nächsten Kreuzung und biegen wieder rechts ab. In den Wald zu der nach weiteren 500 Metern folgenden Wegspinne. Nun behalten wir vorerst unsere bisherige Richtung bei und folgen einem Damm durch etwas schwieriges Gelände (teilweise gelbe Streifen), wandern dann durch Gräben in das von Gärten und Wiesen gesäumte Tal des *Feller Baches* hinab. Dort treffen wir auf einen breiten Fahrweg. Er folgt dem Lauf des Baches nach *Fell.*

80 Fell – Mertesdorf – Trier

Verkehrsmöglichkeiten A 1 Ausfahrt Mehring oder Moseltal. Busverbindung mit Trier und Bingen. Ab Trier besteht Fernbusverbindung mit Bingen.
Parkmöglichkeiten Im Ort.
Wegmarkierungen Fe 2 zu Beginn, dann ohne durchgehende Markierung.
Tourenlänge 12 Kilometer.
Wanderzeit 3 Stunden.
Höhenunterschiede 300 Höhenmeter.
Wanderkarte 1:25000 Verbandsgemeinde Schweich, An der Römischen Weinstraße und 1:25000 Trier und Trier Land.
Wissenswertes Bei der berühmten Porta Nigra, einer Torburg der römischen Stadtbefestigung, befindet sich die Tourist Information der Stadt Trier.
Tourenbeschreibung An der Straßenabzweigung nach Thomm überqueren wir den *Feller Bach* und wandern den *Bachweg* bergauf (Fe 2). Wir verlassen den Weg Fe 2 in seiner zweiten Linkskurve und wandern geradeaus auf die aussichtsreiche Höhe, dann hinab zur *B 52,* die wir unterqueren. Entlang der Straße oder im nördlichen Bogen um den *Kahlenberg* zum *Sportzentrum* von *Mertesdorf.* Wir durchqueren den *Ort,* überqueren die *Ruwer* und die *Eisenbahnstrecke.* An Schloß Grün-

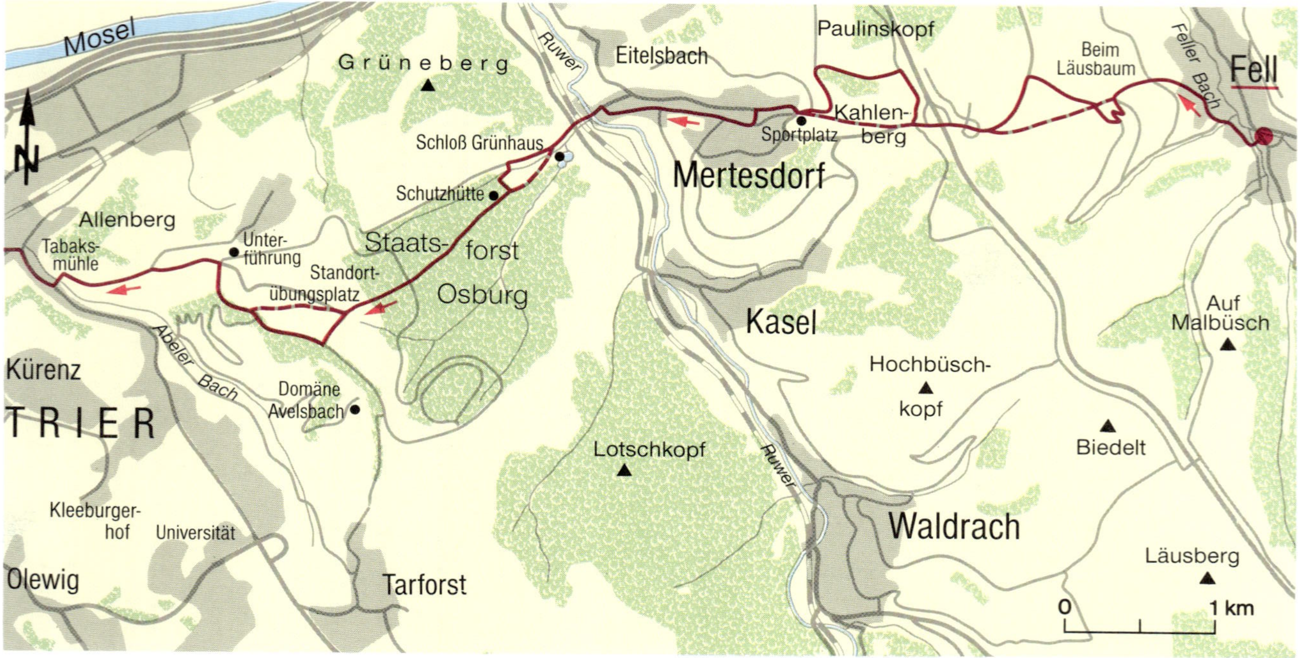
Mosel
N
Grüneberg
Ruwer
Eitelsbach
Paulinskopf
Beim
Läusbaum
Feller Bach
Fell
Kahlen-
berg
Sportplatz
Schloß Grünhaus
Mertesdorf
Schutzhütte
Allenberg
Tabaks-
mühle
Unter-
führung
Staats-
forst
Standort-
übungsplatz
Osburg
Kasel
Auf
Malbüsch
Hochbüsch-
kopf
Kürenz
Abeler Bach
Domäne
Avelsbach
TRIER
Biedelt
Lotschkopf
Ruwer
Kleeburger-
hof
Universität
Waldrach
Läusberg
Olewig
Tarforst
0
1 km

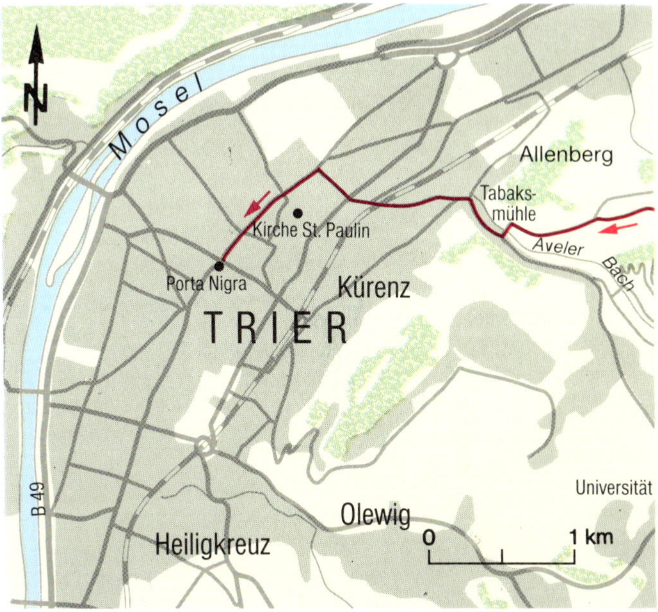

haus vorbei, links den Berg hinauf zu einer *Schutzhütte* und weiter bergauf über den Rücken des *Grünhäuser Waldes.* Wir queren eine *Militärstraße* und treffen auf die *Schießanlage* des *Standorttruppenübungsplatzes.* Wir umgehen sie links, wandern dann entlang der Militärstraße. Kurz vor einer Unterführung biegen wir links in einen parallel verlaufenden Feldweg ein. Weiter auf dem *Kolonnenweg,* an der ehemaligen *Tabaksmühle* vorbei und über die *Avelsbacher Straße.* Wir queren die *Eisenbahnstrecke.* An der *Kirche St. Paulin* vorbei und über die *Balthasar-Neumann-Straße* und die *Paulinstraße* zur *Porta Nigra,* dem Wahrzeichen der Stadt Trier.

Anschriftenverzeichnis

Europäische Wandervereinigung e. V.
Wilhelmshöher Allee 157–159, D-34121 Kassel

Verband Deutscher Gebirgs- und Wandervereine e. V.
Wilhelmshöher Allee 157–159, D-34121 Kassel

Deutsche Wanderjugend
Tannenweg 22, D-71364 Winnenden

Deutscher Alpenverein
Von-Kahr-Straße 2–4, D-80997 München

Deutsches Jugendherbergswerk
Bismarckstraße 8, D-32756 Detmold

Deutsches Jugendherbergswerk,
Landesverband Rheinland-Pfalz/Saarland e. V.
In der Meielache 1, D-55122 Mainz

Touristenverein »Die Naturfreunde« (TVN)
Bundesgruppe Deutschland e. V.
Großglocknerstraße 28, D-70327 Stuttgart

Fremdenverkehrsband Saarland e. V.
Dudweiler Straße 53, D-66111 Saarbrücken

Fremdenverkehrsverband Rheinland-Pfalz e. V.
Löhrstraße 103/105, D-56068 Koblenz

Fremdenverkehrsverein Rhein-Hunsrück e. V.
Ludwigstraße 4, D-55469 Simmern

Trier, Kaiserthermen (Foto: Heinz-Egon Rösch)

Trier, römische Arena (Foto: Heinz-Egon Rösch)

Jugendherbergen

D-66693 Dreisbach
Herbergstraße 1

D-54439 Saarburg
Bottelter Straße 8

D-66709 Weiskirchen
Jugendherbergsstraße 12

D-54411 Hermeskeil
Adolf-Kolping-Straße 4

D-54292 Trier
An der Jugendherberge 4

D-54497 Morbach
Jugendherbergsstraße 16

D-54470 Bernkastel-Kues
Jugendherbergsstraße 1

D-56841 Traben-Trarbach
Hirtenpfad 6

D-56329 St. Goar
Bismarckweg 17

D-55430 Oberwesel
Auf dem Schönberg

D-55422 Bacharach
Burg Stahleck

Naturfreundehäuser

Lohrer Köpfchen
Lohrer Wald,
D-55545 Bad Kreuznach

Alte Treibe
Alte Treibe,
D-55743 Idar-Oberstein

Jugendheim Quint
Bleischmelz 12a,
D-54293 Trier-Quint

Wandern mit offenen Augen

Bilder entnommen aus »Der große Natur- und Landschaftsführer«, Mairs Geographischer Verlag, Stuttgart.)

Distelfink

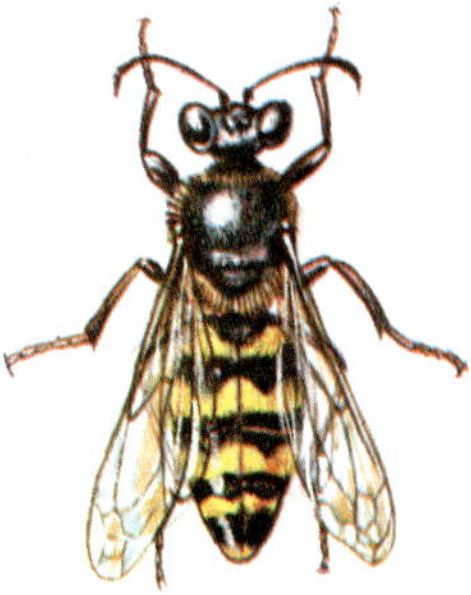

Kreiselwespe

Bittersüßer Nachtschatten

Europäische Ameisenwespe
(Weibchen)

Wiesenglockenblume

Buche *(Fruchtbecher mit Bucheckern)*

Stieleiche *(Eicheln und männliche Blüten)*

Kuckuck

Sommerlinde *(Blüten und Früchte)*

Esche *(a Blütenstand, b Früchte)*

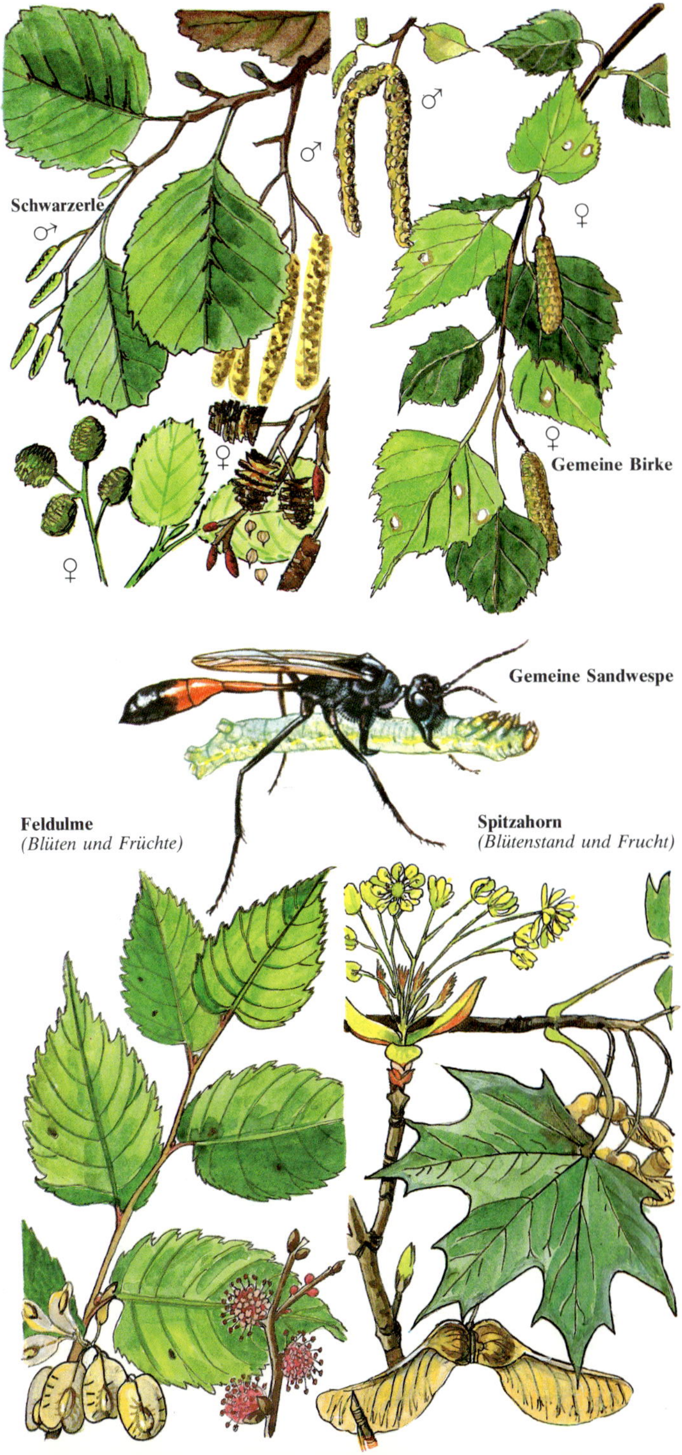
Schwarzerle
♂
♂
♀
♀
♂
♀
♀
Gemeine Birke
Gemeine Sandwespe
Feldulme
(Blüten und Früchte)
Spitzahorn
(Blütenstand und Frucht)

Traubenholunder
(Blüten, Früchte)

Sanddorn

Großer Feuerfalter
(Männchen)

Heidelerche

Haselstrauch

Berberitze
(Blüten und Früchte)

Die Vogeluhr

Die Vögel des Waldes erwachen nicht alle gleichzeitig. Sie halten pünktlich ihre Zeiten ein, so daß sich eine *»Vogeluhr«* ergibt. Der Hausrotschwanz z. B. meldet sich 75 Minuten vor Sonnenaufgang zuerst; ihm folgen Singdrossel, Amsel (63 Minuten), Rotkehlchen (57 Minuten), Kuckuck (55 Minuten), Zaunkönig (48 Minuten) und Buchfink (29 Minuten). Kurz vor Sonnenaufgang kommen Zilpzalp, Specht und Kleiber. Star und Grünfink lassen sich Zeit bis nach Sonnenaufgang.

Grünspecht
(Männchen)

Buchfink
(Männchen)

Hausrotschwanz
(Männchen)

Amsel
(Männchen)

Grünfink

Rotkehlchen

Star
(Männchen in Frühjahrsfärbung)

Feldsperling

…Der größte Langschläfer unter den Vögeln ist aber – man sollte es nicht glauben – der sonst so flinke und vorlaute Sperling.

wandern+ radwandern

Die zuverlässigen, tausendfach bewährten Wegweiser mit der Marke ›Kompass‹ und dem roten Punkt

Die schönsten Wanderungen

Albrandweg
Allgäu
Allgäuer Alpen
Altmühltal/ Frankenalb Süd
Bayerischer Wald
Berchtesgadener Land
Bergisches Land
Bodensee
Dresden
Eifel (gesamt)
Eifel 1: Ahrgebirge/Osteifel
Eifel 2: Naturpark Hohes Venn – Eifel
Eifel 3: Vulkaneifel – Südeifel
Erzgebirge
Fränkische Schweiz/ Frankenalb Nord
Großer Fränkische-Schweiz-Führer
Harz
Hohenlohe
Hunsrück
Lüneburger Heide
Mainwanderweg
Mark Brandenburg
Münsterland
Niederrhein
Oberbayern I/West
Oberbayern II/Ost
Oberlausitz
Odenwald
Ostseeküste/Rügen
Pfalz
Großer Pfalz-Führer
Rhön mit Vogelsberg
Saarland
Sächsische Schweiz
Sauerland
Sauerland-Höhenring
Schwäbische Alb
Schwarzwald Mitte
Schwarzwald Nord
Schwarzwald Süd
Schwarzwaldhöhenwege
Spessart
Stuttgart mit Schönbuch
Taunus
Teutoburger Wald
Thüringer Wald
VVS-Wanderführer Region Stuttgart

Wandern in Europa

E 1: Flensburg – Genua
E 5: Bodensee – Adria
Harz-Niederlande-Wanderweg
Kärnten
Kanarische Inseln
Osttirol
Salzburger Land
Teneriffa
Tirol
Trentino II West
Vogesen Nord
Vogesen Süd
Vorarlberg

Freizeit Spezial

Erlebnisurlaub Allgäu
Erlebnisurlaub Bayerische Alpen
Erlebnisurlaub Bayerischer Wald
Erlebnisurlaub Bodensee
Erlebnisurlaub Chiemsee – Königssee
Erlebnisurlaub Eifel
Erlebnisurlaub Elsaß
Erlebnisurlaub Gardasee
Erlebnisurlaub Harz
Erlebnisurlaub Kärnten
Erlebnisurlaub Lüneburger Heide
Erlebnisurlaub Mosel – Nahe
Erlebnisurlaub Nordfriesland/Inseln
Erlebnisurlaub Ostfriesland/Inseln
Erlebnisurlaub Pfalz
Erlebnisurlaub Rügen
Erlebnisurlaub Schwäbische Alb
Erlebnisurlaub Schwäbischer Wald
Erlebnisurlaub Schwarzwald
Erlebnisurlaub Thüringer Wald
Erlebnisurlaub Toskana

Die schönsten Radtouren

Allgäu/Bodensee
Altmühltal/
Frankenalb Süd
Augsburg/Umland
Bayerischer Wald
Bergisches Land mit
Siegerland
Berlin und Umland
Radfernwandertouren
1 Ostseeküste, Oder-
Neiße, Elbe
2 Ostsee – Boden-
see – Niederlande
3 Rhein – Ostsee,
Mosel, Lahn,
Neckar, Main
4 Saale, Werra,
Spree, Havel
Donau
Eifel
Fränkische Schweiz/
Frankenalb Nord
Hamburg/Umland
Harz/Weser/Leine
Hunsrück/Saarland
Rad-Deutschland-Tour:
Von JH zu JH (Ost)
Rad-Deutschland-Tour:
Von JH zu JH (West)
Kurhessen-Waldeck
Lüneburger Heide mit
Wendland
Mark Brandenburg ges.
Mark Brandenburg West
Mecklenburg-
Vorpommern
München mit Umland
Münsterland
Niederrhein
Oberrhein – Elsaß I:
Heidelberg –
Straßburg
Oberrhein – Elsaß II:
Straßburg – Basel
Oberschwaben/
Bodensee
Odenwald/Bergstraße
Ostfriesland
Ostseeküste/Rügen
Pfaffenwinkel/östliches
Allgäu
Pfalz – Rheinhessen
Rhein
Rhön/Vogelsberg
Romantische Straße
Ruhrgebiet
Sauerland
Schwäbische Alb
Schwäbischer Wald/
Neckarland
Schwarzwald
Spessart/Kinzigtal/
Fränkisches Weinland
Stuttgart mit Umland
Taunus/Wetterau
Thüringer Wald
Tour de
Baden-Württemberg
Tour de Ländle I
Voralpenland II:
Lech – Donau –
Salzach

Radeln in Europa

Balearen
Belgien
Frankreich Süd
Inn
Loire
Niederlande
Rhône
Schweiz

Wegweiser

Auf Tour in der Natur
Auf Tour in Europa
Auf Tour mit Kompaß und Karte
Spuren der Römer im Rheinland
Spuren der Römer: Main – Rems
Spuren der Römer: Rems – Donau
Radwandern gut vorbereiten
Kinder und Jugendliche im Gebirge
... rund um Alpenvereinshütten:
Allgäu und Lechtal
... rund um Jugendherbergen:
Allgäuer Alpen und Bayerisch
Schwaben
... rund um Jugendherbergen:
Bayerische Alpen

DEUTSCHER WANDERVERLAG
Dr. Mair & Schnabel & Co. · Stuttgart

Naturpark Pfälzerwald – Donnersberg mit Umland – Vorderpfalz – Deutsche Weinstraße – Nördlicher Westrich – Südwestpfälzische Hochfläche. Beschrieben von *Heinz R. Wittner.*

Wanderführer Schwarzwald · Süd Schwarzwald · Mitte Schwarzwald · Nord

In jedem der drei Bände Rundwanderungen, Streckenwanderungen, Naturlehrpfade. Ausgewählt, begangen und beschrieben von *Wolfgang Benz.*

Wanderführer Eifel

Die schönsten Rundwanderungen zwischen Aachen, Bonn, Koblenz und Trier. Ausgewählt, begangen und beschrieben von *Hans Naumann.*

Wanderführer Saarland

Die schönsten Rund- und Streckenwanderungen im Saarland. Saar-Nahe-Weg (Saarbrücken – Nohfelden – Quer durchs Saarland). Acht-Weiher-Wanderung u. v. m. Beschrieben von *Willy Makary* und *Adolf Schneider.*

Wanderführer Vogesen Nord

Die schönsten Wanderungen in den Nord- und Mittelvogesen. Ausgewählt, begangen und beschrieben von *Heinz R. Wittner, Paul Keller* und *Daniel Wenger.*

Rad-Wanderführer Eifel

Die schönsten Radtouren mit vielen Farbbildern und farbigen Wegeskizzen. Ausgewählt, abgeradelt und beschrieben von *Hans Naumann.*

Rad-Wanderführer Pfalz-Rheinhessen

Rundtouren in Rheinhessen um Mainz, Worms, Alzey, Bad Kreuznach sowie in der Pfalz bei Ludwigshafen. Neustadt/Weinstraße, Speyer, Landau, Bad Bergzabern oder Pirmasens. Abgeradelt und beschrieben von *Heinz-Egon Rösch.*

Rad-Wanderführer Oberrhein – Elsaß 1

Nord: Zwischen Heidelberg und Straßburg

Rund- und Streckentouren beiderseits der Grenze. Touren in Baden-Württemberg, im Elsaß sowie Jugendherbergstouren. Abgeradelt und beschrieben von *Heinz R. Wittner.*

Deutsche Wanderjugend

DWJ

gemeinsam unterwegs

Die Deutsche Wanderjugend (DWJ) ist die Jugendorganisation des Verbandes Deutscher Gebirgs- und Wandervereine. Die jugendlichen Mitglieder von sechs bis 25 Jahren pflegen natürlich das Wandern in kind- und jugendgerechten Formen. Die Deutsche Wanderjugend wanderte schon lange aus Freude an der Natur und aus Spaß, bevor das „Volkswandern" erfunden wurde. Die Kinder und Jugendlichen bei der Wanderjugend lernen, wie man richtig wandert, erfahren alles über eine wandergerechte Ausrüstung von den Wanderschuhen bis zum Rucksack und üben den Umgang mit Kompass und Karte.

Wandern ist aber nur ein Teil der Aktivitäten. Die Jugendarbeit der Deutschen Wanderjugend umfaßt ein viel breiteres Angebot. Die Jugendgruppen der Wanderjugend legen die Inhalte und Schwerpunkte ihrer Arbeit selbst fest. Im Rahmen einer sinnvollen aktiven Freizeitgestaltung werden in der Gruppenarbeit oft musisch-kulturelle Aktivitäten bevorzugt: Basteln, Werken, Pantomime, Laienspiel, kreatives Gestalten, Singen und Instrumentalspiel, Volkstanz. Die vielfältige Bildungs- und Jugendarbeit der Deutschen Wanderjugend erstreckt sich auf Freizeiten, Fahrten, Zeltlager, Lehrgänge zur politischen Bildung, internationale Jugendbegegnungen.

Eine wichtige Aufgabe stellt der aktive Natur- und Umweltschutz für die Wanderjugend dar. Dabei steht v. a. die Erziehung und Bildung der Kinder und Jugendlichen zum umweltbewußten Menschen im Vordergrund.

Wer mehr über uns, die DWJ, wissen will, schreibt an die

DWJ-Bundesgeschäftsstelle, Tannenweg 22, D-71364 Winnenden